U0498709

国家职业教育国际贸易专业教学资源库升级改进配套教材

icve 智慧职教 高等职业教育在线开放课程新形态一体化教材

外贸风险管理

主　编　章安平
副主编　吴　远　金文胜

高等教育出版社·北京

内容简介

本书是国家职业教育国际贸易专业教学资源库升级改进配套教材。

在2019年7月发布的《高等职业学校专业教学标准》中，"外贸风险管理"是经济贸易类专业的专业核心课之一。本书紧扣高职高专经济贸易类专业人才培养目标，结合国际贸易行业的最新发展趋势，按照2019版经济贸易类专业教学标准的新要求，站在"职教20条"的职业教育新起点，依据国际贸易相关岗位基础知识的要求编写而成。本书分为宏观环境风险及其防范、交易方信用风险及其防范、合同条款风险及其防范、履约过程风险及其防范、跨境电商风险及其防范五部分内容。

本书既可以作为经济贸易类、跨境电子商务等专业的教材，也可以作为相关从业人员的培训教材。

与本书配套的在线开放课程"外贸风险管理"在线开放课程建设了课程标准、教学设计、微课、动画、视频等类型丰富的数字资源，精选其中具有典型性、实用性的资源在教材中进行了标注，并将优质资源以二维码方式呈现，供读者即扫即用。其他资源服务见"郑重声明"页资源服务提示。

图书在版编目（CIP）数据

外贸风险管理 / 章安平主编. -- 北京：高等教育出版社，2021.5（2023.1 重印）
ISBN 978-7-04-055736-7

Ⅰ. ①外… Ⅱ. ①章… Ⅲ. ①对外贸易 - 风险管理 - 高等职业教育 - 教材 Ⅳ. ①F740.4

中国版本图书馆CIP数据核字（2021）第036391号

外贸风险管理
WAIMAO FENGXIAN GUANLI

| 策划编辑 | 康 蓉 | 责任编辑 | 康 蓉 | 封面设计 | 张 志 | 版式设计 | 杨 树 |
| 插图绘制 | 黄云燕 | 责任校对 | 胡美萍 | 责任印制 | 朱 琦 | | |

出版发行	高等教育出版社	网　　址	http://www.hep.edu.cn
社　　址	北京市西城区德外大街 4 号		http://www.hep.com.cn
邮政编码	100120	网上订购	http://www.hepmall.com.cn
印　　刷	涿州市京南印刷厂		http://www.hepmall.com
开　　本	787 mm×1092 mm　1/16		http://www.hepmall.cn
印　　张	10		
字　　数	180 千字	版　　次	2021年 5 月第 1 版
购书热线	010-58581118	印　　次	2023年 1 月第 2 次印刷
咨询电话	400-810-0598	定　　价	32.00 元

本书如有缺页、倒页、脱页等质量问题，请到所购图书销售部门联系调换
版权所有　侵权必究
物 料 号　55736-00

智慧职教助力智慧课堂

◎ 调用国家资源库精品资源，
  海量在线开放课程任您选择

◎ 建设整合自有资源，
  快捷构建教师专属在线开放课程

◎ 全程教学掌上互动，
  即时分析教学数据，
  倾力打造智慧课堂

请加入国际贸易职教云课程QQ群：329372443，开通职教云教师账号。

国家职业教育国际贸易专业教学资源库配套教材共有6种数字资源标注形式，当教材中出现相应图标时，可在在线开放课程中获取该种类型的资源。

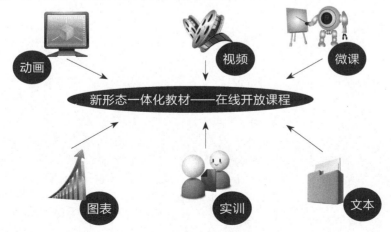

国家职业教育国际贸易专业教学资源库
升级改进项目建设委员会

顾问：孙元勋　原商务部人事司巡视员

王乃彦　全国外经贸职业教育教学指导委员会常务副主任

吕红军　全国外经贸职业教育教学指导委员会常务副主任

主任：周建松　浙江金融职业学院党委书记

副主任：章安平　浙江金融职业学院教授

委员（按汉语拼音排序）：

曹　艺*	陈　璇	陈竹韵	戴小红	邓新元*	范越龙	方　回*
付　斌*	嘎日迪	戈雪梅	顾　捷	郭春祥*	郭晓晶	韩　斌
杭文波*	华红娟	黄学全*	江剑敏	蒋晓兰*	金剑锋*	金文胜*
李二敏	刘红燕	刘　珉	刘一展	马红兰*	马茂灯*	牟群月
倪卫清*	牛慈康	乔　哲	阙细春	赛学军*	施　静	施闻雷*
宋　钢*	唐春宇	陶峻青*	田南生	屠严灿*	王爱东	王春龙*
王纪忠	王　婧	王胜华	王　薇*	王溪若	吴　琳*	吴美焕
伍　勇*	肖　旭	徐林军*	薛存良*	薛增建*	严　佳*	杨光炜*
杨　丽	杨文静*	杨学锋*	杨跃胜*	姚大伟	曾　理	张海燕
张　坚	张　静	张　军*	张　亮*	张　瑞	张世兵	张晓云
赵惠林*	赵继梅	赵胜梅*	赵　颖	郑荷芬	朱惠茹	朱佩珍
祝土生*	左洪侠*					

注：带"*"者为行业企业专家。

总序 <<<<<<<<<<<<

随着"一带一路"倡议的深入推进，我国外贸发展必将迎来越来越多的新机遇。2018年以来，中美贸易摩擦愈演愈烈，国际贸易形势错综复杂，给我国外贸发展带来了各种新挑战。面对外贸发展的新机遇和新挑战，应对"关检合一"机构改革和INCOTERMS® 2020行业惯例的新变化，站在《国家职业教育改革实施方案》（简称"职教20条"）发布的职业教育新起点，提高外贸从业人员的素质，培养大批熟悉国际贸易规则的复合型外贸技术技能人才，已成为我国从贸易大国向贸易强国转变的关键。

"国家职业教育国际贸易专业教学资源库"介绍

为顺应外贸发展新趋势和2019年6月发布的《教育部关于职业院校专业人才培养方案制订与实施工作的指导意见》（教职成〔2019〕13号）的新要求，在商务部和全国外经贸职业教育教学指导委员会的指导下，浙江金融职业学院联合天津商务职业学院、安徽国际商务职业学院等20多所全国一流外贸高职院校和浙江五金矿产控股有限公司、浙江成套设备进出口有限公司等20多家外贸龙头企业，共同建设并持续改进国家职业教育国际贸易专业教学资源库项目（简称"国贸资源库"）。国贸资源库于2014年6月获教育部正式立项，2017年6月顺利通过教育部验收，2019年11月立项升级改进。在国贸资源库的12门核心课程中，"外贸单证操作""国际结算操作""国际商务礼仪""外贸英文函电"4门课程先后被认定为国家精品在线开放课程。

本系列教材是国贸资源库的研究成果之一，具有如下4个突出优势：

1. 集中体现国贸资源库及升级改进的建设成果

国贸资源库以国际贸易专业学习者的职业生涯发展及终身学习需求为依据，按照"一体化设计、结构化课程、颗粒化资源"的建设原则，基于"能学、辅教"的功能定位，构筑专业级资源中心、课程级资源中心、素材级资源中心、用户学习中心和运行管理中心的五层资源库框架，共建共享面向学生、教师、企业在职人员、社会学习者四类用户的国际贸易专业教学资源库，提供专业建设、课程建设、素材建设、资源应用和运行管理的一揽子解决方案。国贸资源库的框架如图1所示。

2. 实现了在线开放课程与新形态一体化教材的"互联网+"式互动

本系列教材是资源库课程开发成果的重要载体和资源整合应用的实践。实现了在线开放课程与新形态一体化教材的"互联网+"式互动。读者使用本系列教材时，扫描封面的二维码，即可进入在线开放课程学习平台，及时、便捷、灵活地使用课程资源；扫描总序边白处的二维码，即可观看国贸资源库介绍视频，了解资源库建设的整体设计思路和全貌；扫描前言边白处的二维码，即可观看该门课程的介绍视频，了解该门课程的设计思路与结构框架；扫描正文边白处的二维码，即可获取与重要知识点、技能点对应的优质数字化教学资源。

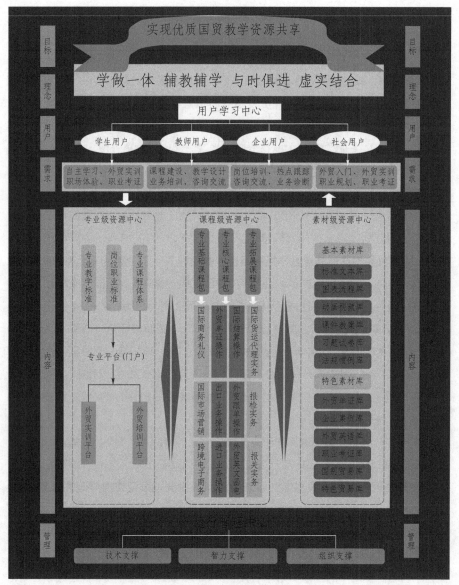

图1　国贸资源库的框架

3. 建设了内容优质、类型丰富、形式新颖的数字化教学资源

国贸资源库的在线开放课程建设，以知识点和技能点为颗粒度，建设了微课、动画、视频、沙画、漫画、图表、课件、习题、实训、案例等类型丰富的高级别数字化教学资源，精选其中具有典型性、实用性的教学资源在新形态一体化教材中进行了标注，并将优质资源以二维码形式标出，即扫即用，推动线上线下混合式教学、翻转课堂等教学改革。

4. 边建边用、以用促建，保持建设的可持续性和应用的广阔性和便捷性

国贸资源库按照"边建边用、以用促建"的方针，保持建设的可持续性、应用的广阔性和便捷性。采用职业教育数字化学习中心、MOOC学院、职教云、云课堂四位一体的智慧职教平台，实现MOOC、SPOC、O2O三种数字化教学功能，既能实现开放共享学习，又能实现信息化教学的深度应用，助力实现智慧课堂。国贸资源库中各门课程都建立了QQ群（见表1），指导教师用户高效应用资源库，促进国际贸易专业教师深入探讨依托资源库的各类教育教学改革与实践。

表1　国贸资源库课程交流QQ群

序号	课程名	QQ群号
1	出口业务操作	54778953
2	进口业务操作	473308557
3	外贸单证操作	571513152
4	外贸跟单操作	159296462
5	报检实务	539401647
6	报关实务	366821897
7	国际货运代理实务	322680209
8	国际结算操作	513045393
9	国际商务礼仪	249235383
10	国际市场营销实务	244098745
11	跨境电子商务	338448359
12	外贸英文函电	201708351

期待国贸资源库成为学生外贸学习的乐园、教师教改创新的平台、企业外贸培训的课堂。期待本系列教材助力全国高职院校应用型外贸人才培养，服务"一带一路"，助推外贸行业转型升级。

国家职业教育国际贸易专业教学资源库升级改进项目建设委员会
2019年11月

前言 <<<<<<<<<<<<

2013 年，中国在成为世界第一货物贸易大国之际，中国国家主席习近平提出了"一带一路"倡议，构建对外开放新格局。面对外贸发展的新机遇和新挑战，提高外贸从业人员素质，培养大批既熟悉国际贸易规则，又适应外贸发展新业态的高素质技能型外贸人才，已成为我国从贸易大国走向贸易强国的关键。

在 2019 年 7 月发布的《高等职业学校专业教学标准》中，"外贸风险管理"是经济贸易类专业的专业核心课之一。随着中美贸易摩擦的加剧、贸易保护主义的抬头和跨境电子商务的快速发展，外贸风险管理变得越来越重要，但外贸风险管理教材在国内仍属空白。为此，本书结合国际贸易行业的最新发展趋势，适应 2019 版经济贸易类专业教学标准的新要求，站在"职教 20 条"的职业教育新起点编写而成。本书主要呈现以下三个特点：

1. 校企双元合作开发的编写团队和审稿团队

本书采用校内专业教师和外贸企业专家相结合的校企双元合作开发的编写团队，以及高校资深外贸教授和外贸企业资深业务专家相结合的校企双元合作开发的审稿团队，保证教材质量。

2. 采用案例教学模式，建设丰富的数字化教学资源，实现新形态一体化教材。

本书依据校企双元合作开发的课程标准，打破平面教材的编写模式，采用案例教学模式。每一节都以案例导入，开展相应内容的教学，重视学生知识应用能力、分析问题、解决问题能力的培养。同时，本书建设了微课、动画、视频等丰富的数字化教学资源，学习者使用本教材时，扫描正文边白的二维码，即可获取重要知识点、技能点对应的优质数字化教学资源。

3. 教材编写内容体现时效性和实用性

本书融入最新法律法规和国际贸易惯例和政策，如国际商会 2020 年 1 月 1 日开始实施的 INCOTERMS® 2020、2019 年 1 月 1 日实施的《中华人民共和国电子商务法》等；本书既介绍传统国际贸易的风险管理，也介绍跨境电子商务新型国际贸易方式的风险管理；同时，本书融入"一带一路"倡议、中美贸易摩擦、新型冠状肺炎疫情等国际贸易新形势背景下国际贸易业务的风险管理。

本书由浙江金融职业学院章安平教授主编，全书由章安平教授进行统稿。参加编写的校内外贸教师有：章安平、吴远、邹黄靖伊。参加编写的外贸企业业务专家有：浙江五金矿产控股有限公司副总经理金文胜、南京悦跑贸易有限公司总经理于斌、维丰实业有限公司杨光炜。

  由于编写时间紧、任务重，难免出现一些疏漏和错误，真诚欢迎广大读者批评指正，以便再版时予以修正，使其日臻完善。

编者

2020 年 12 月

目录 <<<<<<<<<<<<

导论

【学习目标】

【能力目标】

● 能识别常见的外贸风险

● 能分析外贸风险的构成要素

【知识目标】

● 熟悉外贸风险的基本类型

● 熟悉外贸风险的构成要素

● 熟悉外贸风险的含义

【素养目标】

● 具有一定的外贸风险防范意识

思维导图

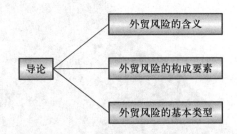

国际贸易涉及复杂的贸易环境，诱导国际贸易的风险因素较多且难以把握，致使外贸风险事件经常发生，并可能导致重大的风险损失。然而，风险一词本身就具有两重性，环境的复杂多变带来风险事件的同时，也给国际贸易带来了有利的机会，使国际贸易活动有可能获得风险收入。所谓外贸风险管理就是要将这种风险收入与风险损失、风险成本进行比较，在此基础上进行决策并实施相应的管理行为。

一、外贸风险的含义

人们对于风险的研究早在19世纪就已经展开了，经过一个多世纪的探索，人们对于风险的认识越来越全面，经济学家认为风险是特定环境中和特定期间自然存在的导致经济损失的变化。外贸风险是指在进出口贸易中，因自然、社会、政治、经济、法律等因素导致进出口贸易当事人遭受损失的可能性。

进出口贸易中，一笔交易的顺利进行可能涉及进口商、出口商、国内供应商、货运代理人、海关、银行、外管局、承运人等多方当事人，而且至少包括买卖双方磋商、签约、出口商备货、运输、结算等多个环节。在这样一个复杂、多变的环境中，诸如自然环境、社会文化、政策法律等风险诱发因素大量存在，外贸风险的发生就具有了必然性和复杂性。与此同时，客观存在的风险在何时以何种形式发生，发生的概率有多大，产生的后果有多严重却不是人们能够完全能掌控的，从这一点上讲，外贸风险存在着潜在性，并不是当事人可以完全驾驭和预防的。

二、外贸风险的构成要素

外贸风险是由外贸风险因素、外贸风险事件和外贸风险损失等要素构成的。

（一）外贸风险因素

外贸风险因素是指在进出口贸易过程中，可能形成某种障碍，对国际贸易顺利进行构成威胁的因素，它们是发生外贸风险的条件和原因。

外贸风险因素是多方面的、综合性的，既包括物的因素，如货物品质不符合合同规定或在运输途中品质发生变化；也包括人的因素，如贸易当事人缺乏责任心，工作疏忽，导致错误漏装或由于道德风险导致欺诈等风险的出现。外贸风险因素可以分为自然因素、社会因素、经济因素、技术因素、政治因素、法律因素等。

（二）外贸风险事件

外贸风险事件是指由于外贸风险因素的作用，而发生的可能引发贸易一方或双方经济损失的状况。它是外贸风险损失发生的原因。如出口货物因船公司"爆舱"被甩柜，其中，运输旺季运量不足与船公司运输调度水平属于外贸风险因素；而船公司调度不善或托运人员操作不当导致货物被甩柜，可能造成延期交付属于外贸风险事件。两者之间存在因果关系，外贸风险因素是因，外贸风险事件是果；两者之间还存在内在本质与外在表现的关系，外贸风险因素是内在本质，外贸风险事件是外在表现。

（三）外贸风险损失

外贸风险损失是外贸风险的重要构成因素，是指因进出口贸易因素导致外贸风险事件的发生而产生的贸易一方或双方经济、声誉或其他方面非故意、非计划和非预期的利益减少。这种损失不仅包括直接损失，即财产损失、收入损失或费用损失等；而且包括企业形象、商业信誉、社会声誉等损失。

三、外贸风险的基本类型

根据不同的标准，外贸风险可分为不同的类型。

（一）根据风险产生的原因不同分类

根据风险产生的原因不同，外贸风险可分为以下几类。

1. 自然风险

自然风险是指由于自然现象或物理现象所导致的风险，如洪水、地震、风暴、火灾、泥石流等所致的人身伤亡或财产损失的风险。自然风险是外贸风险的重要组成部分，是外贸企业无法预见、无法控制或无法避免的风险种类。

2. 社会风险

社会风险是指由于个人行为反常或不可预测的团体的过失、疏忽、侥幸、恶意等不当行为所致的损害风险，如盗窃、抢劫、罢工、暴动等。

3. 经济风险

经济风险是指国际贸易企业在开展进出口业务中，由于主观能力受限和客观条件的变化而引起的风险。尤其是在生产销售过程中，由于有关因素变动或估计错误而导致的产量减少或价格涨跌的风险等。如市场预期失误、经营管理不善、消费需求变化、通货膨胀、汇率变动等导致经济损失的风险等。

4. 技术风险

技术风险是指伴随着科学技术的发展、生产方式的改变而发生的风险。如核辐射、空气污染、噪声等风险。这些风险的产生与预防同时需要借助于技术水平的更新与提高。

5. 政治风险

政治风险是指由于政治原因，如政局的变化、政权的更替、政府法令和决定的颁布实施，以及种族和宗教冲突、叛乱、战争等引起社会动荡而造成损害的风险。

6. 法律风险

法律风险是指由于贸易相关国家颁布新的法律和对原有法律进行修改等原因而导致贸易当事人经济利益受到影响的风险。法律风险由于涉及贸易国的政府行为，其对贸易当事人造成的经济影响是经济人无法预见、无法控制的。所以，在这点上，贸易国制定、修改贸易政策也需要慎重，为贸易当事人营造相对稳定的贸易环境。

（二）根据风险的性质不同分类

根据风险的性质不同，外贸风险可分为静态风险和动态风险。静态风险主要是指自然灾害和意外事故带来的风险。动态风险则主要是指由于国际贸易企业的经营管理状况和市场资金需求变动或经济发展、经济体制改革以及国际市场的变化无常等因素引起的风险。两者的区别主要体现在：

（1）对静态风险所造成的后果，国际贸易企业可通过统计方法加以估计，是可以从总体上加以把握的。动态风险因缺乏规律性而难以预测。动态风险造成的后果是难以估计的。

（2）静态风险可能造成的后果主要是经济上的损失，不存在因此获得收益的可能性。动态风险引起的后果则既可能给国际贸易带来经济上的损失，也可能给国际贸易企业带来额外的收益。

（3）静态风险一般属于不可回避的风险，国际贸易企业有风险是处于被动地位的。动态风险常常是可以回避的，国际贸易企业可以通过主动采取措施预防动态风险的发生。

（三）根据风险的内容不同分类

根据风险的内容不同，外贸风险可分为以下几类。

1. 信用风险

信用风险是指对方未能履行约定契约中的义务而造成经济损失的风险。在进出口贸易中，由于买卖双方分处不同国家，双方对对方的经营和资信状况缺乏足够的了解，会产生信用风险；整个签约履约周期比国内贸易时间长，在此期间，买卖双方的财务状况可能发生变化，也会产生信用风险。

2. 商业风险

商业风险是指在进出口贸易中由于合同磋商、履行各环节一方或双方操作不当可能引发的风险，如货样不符、延迟交货、单证不符等，进口商往往拒收货物，从而造成出口商的商业风险。另外，国际市场的价格波动，也会造成其中一方的商业损失。商业风险体现在进出口贸易各环节的商业行为中，所以，商业风险的预防要与进出口贸易操作技巧相结合。

3. 外汇风险

外汇风险是指在进出口贸易中由于买卖双方所在国使用不同的支付货币而引发的货币价值变化的风险。在进出口贸易中，交易双方至少有一方要以外币计价或支付，币种的选择及货币价值的确定隐含了外汇风险。从贸易合同签订到货款结算时间较长，期间如果外汇汇率出现较大的变化，就会出现外汇风险。

本书从宏观环境风险及其防范、交易方信用风险及其防范、合同条款风险及其防范、履约过程风险及其防范、跨境电商风险及其防范五个方面，分别阐述外贸风险管理的方法和举措。

【学习目标】

【能力目标】

● 能识别常见的宏观环境风险

● 能掌握贸易壁垒风险、政治风险、汇率风险、退税
风险等风险防范措施

【知识目标】

● 熟悉宏观环境风险的类型

● 熟悉各种贸易壁垒的含义、表现形式、防控要点

● 熟悉政治风险、汇率风险、退税风险等常见的宏观
环境风险

【素养目标】

● 具有一定的全球视野，遵守国际规则，树立正确的
社会主义核心价值观

● 具有一定的国际人文素养

● 具有一定的宏观风险防范意识

<<<<<<<<<<<<<<< 思 维导图 <<<<<<<<<<<<<<<<<<<<<<<<<<<<<<<<<<<<<<<<

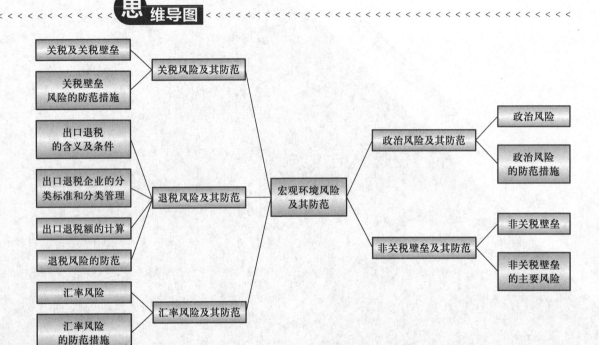

第一节 关税风险及其防范

案 例导入

2020年6月，多名印度官员透露，印度计划对包括工程产品、电子产品和部分医疗设备在内的约300种中国产品设置更高的贸易壁垒，并提高进口关税，试图对印度国内企业形成关税保护。该计划仍在敲定之中，新的关税结构可能会在未来3个月内逐步拟定。该计划主要针对价值80~100亿美元的进口产品，目的是阻止导致印度产品失去竞争力的非必要低质产品的进口。

截至2019年3月的财年，中印双边贸易额为880亿美元，印度对中国的贸易逆差为535亿美元，中国是印度最大的贸易逆差国。印度很多产品，如电子产品、智能手机、工业产品、汽车、太阳能电池等均依赖中国的进口。因此，印度总统莫迪自2014年上台以来，承诺要促进和保护本国制造业免受进口产品竞争的冲击。近年来，莫迪总统除了推行"印度制造"计划外，还在2020年5月宣布开展"印度自力更生"运动，旨在保护印度本土企业免受进口产品竞争的冲击。

自2017年起，印度频频提高各类产品的关税，且幅度一次比一次大。如自2020年10月起，印度正式调高多项电子产品零组件的关税，其中包括已经推迟1年半的面板（显示屏）关税，印度全国电子协会（AIEA）西区总裁米特什指出，印度电子行业高度依赖中国，有80%~90%的电子零部件直接或间接来自中国。因此提高关税的主要目的是刺激外国投资者在当地生产面板，实现100%印度制造。

为了防止中国进口商品通过第三国进入印度以规避关税的增幅，印度商业和工业部正在考虑对来自孟加拉国、斯里兰卡、韩国等国的商品进行更严格的审查，印度政府已经在《海关法》中增加了一个关于贸易协定下原产地规则管理的新章节。根据新规则，进口商不能仅仅通过提供原产地证书就享受优惠。特别是在中印边境冲突后，印度出台了针对中国进口的新规定，对来自中国的货物实施100%的检查。此外，2020年9月21日起，印度将对东盟自由贸易协定（FTA）下的进口商品实施原产地规则。根据这一规则，具有附加值的商品才能出口至印度，这一规则有助于遏制货物倾销。印度财长西塔拉曼表示，自由贸易协定需要与"自力更生"政策方向保持一致，对国内产业构成威胁的进口商品需要严格审查。

除了提高关税，保护本国产业，印度还频繁发起对他国的出口产品反倾销调查。印度已经超过美国成为对中国发起反倾销调查次数最多的国家。2020年9月2日，印度财政部表示，将对从中国或其他国家进口的"中国制造"药品征收反倾销税。10日，印度启动了针对从中国进口扁轧铝产品的反倾销调查。随着嵌入国际产业链程度的加深，作为发展中国家的一员，印度对反倾销的运用可能不降反增，这将严重影响亚太区域合作、金砖国家间的合作。这两者恰恰是印度发挥其国际政治、经济影响力的主要依托。以区域全面经济伙伴关系协定（RCEP）为例，过去几年里，印度政府积极引导发展外向型经济，一度对它敞开怀抱，但是，囿于国内经济形势和产业结构，很难以"壮士断腕"的决心"以开放促改革"，最终选择退出RCEP谈判。

案 例分析

贸易壁垒又称贸易障碍，是指外国或地区的政府实施或支持实施的具有阻碍和扭曲贸易效果的贸易政策和措施。贸易壁垒是对国外商品劳务交换所设置的人为限制，主要是指一国对外国商品劳务进口所实行的各种限制措施。贸易壁垒一般可分为关税壁垒和非关税壁垒两种。关税壁垒指进出口商品经过一国关境时，由政府所设置的海关向进出口商征收关税形成的一种贸易障碍。

印度近年来屡屡增加对中国原产地产品的关税，并实行"自力更生"计划，核心源于中印贸易的不平衡。中国已是印度最大的贸易伙伴，进口高度依赖中国。虽然印度正在努力减少对中国商品的依赖，但是印度目前的生产要素，尤其材料供应链是不完整的，想要抵制中国商品的进口不现实。2020年新冠肺炎疫情暴发，IMF（国际货币基金组织）预计，在主要经济体中，印度是2020年经济下调幅度最大的国家。工业生产、商业活动、新订单、消费者信心指数、失业率都遭遇重挫，很多国际资本加速逃离印度，营商环境不容乐观。长期依赖政府庇护的印度制造业不仅难以发展壮大、培养出真正的国际竞争力，而且对贸易开放的消极态度还会引起合作伙伴的猜疑，进而深刻影响本国深化区域产业合作，最终成为印度通往贸易大国路上的绊脚石。

对于印度加征进口关税的影响，中国外贸企业尤其要注意以下风险：

（1）拒收货物风险。加征进口关税将增加买方税负成本，可能导致买方拒收已到港货物，造成损失。如果已经投保相关保险，可以注意保险合同的约定时限，及时向保险公司报损并尽早协商货物处理方案。

（2）加征关税风险。绝大部分采用的价格术语由买方负责清关，进口国加征关税的责任由买方承担。但部分出口业务按DDP等方式操作，需要出口方负责清关，即进口国加征关税的成本需要出口方承担。出口方不仅将承担重大的风险，而且无法向买方实施追索。

（3）库存风险。进口关税的增加可能造成有些买方直接违反合同，取消尚未发货的订单，那么外贸企业就将面临大额成本投入损失和库存积压的风险。所以，在这类情况未发生之前，外贸企业需要提前做好应对方案，并保持双方的信息沟通，避免损失扩大。

为了更好地防范和规避关税壁垒风险，外贸企业可以做好以下措施：

（1）建议出口企业增强自我保护意识，进一步加强对交易对手的风险评估，完善贸易合同，特别是在约定价格条款方面，应谨慎使用DDP条款等由出口商负责进口报关、缴纳进口关税的贸易条款。

（2）若企业的出口市场高度集中于印度，建议积极开拓其他国别市场，以分散国别集中的风险。大力实施市场多元化战略，多渠道、多方式、多领域开拓国际市场。充分发挥国际展会对企业开拓国际市场的促进作用，全面推动外贸企业参加重点国际展会，抢抓订单，鼓励企业开拓国际市场。

（3）随时掌握国际市场波动信息。各外贸企业要与商务主管部门、信保等机构加强沟通，及时获取相关支持政策措施。

（4）加大国际营销网络布局，通过转口贸易，避开关税。转口贸易是避开关税的一个较好的途径，在一些行业，为了避开一些对中国征收高关税的国家和地区，很多企业都采取了在低关税国家建立营销网络点或建厂的办法，将产品转口到高关税国家和地区。

一、关税及关税壁垒

（一）关税

1. 关税措施

关税措施是国家对外贸易管理措施中最古老的调控工具，尤其是进口关税，常常成为各国限制他国产品进口从而实施贸易保护的有力手段。征收进口关税会增加进口货物的成本，提高进口货物的市场价格，影响外国货物的进口数量。国家采取进口关税的目的是保护本国经济发展而对外国商品的进口征收高额关税。进口关税越高，保护的作用就越大，甚至实际上等于禁止进口。因此，各国都以征收进口关税作为限制外国货物进口的一种手段。适当地使用进口关税可以保护本国工农业生产，也可以作为一种经济杠杆调节本国的生产和经济的发展。使用过高的进口关税，会对进口货物形成壁垒，阻碍国际贸易的发展。进口关税会影响出口国的利益，因此，它成为国际间经济斗争与合作的一种手段，很多国际间的贸易互惠协定都以相互减让进口关税或给以优惠关税为主要内容。

2. 关税种类

按照征收关税的目的不同来划分，关税分为两种：一是财政关税，其主要目的是增加国家的财政收入；二是进口关税，其主要目的是保护本国经济发展而对外国商品的进口征收高额关税。

（二）关税壁垒

常见的关税壁垒形式包括关税高峰、关税升级、关税配额、从量关税、从价关税等。

1. 关税高峰

关税高峰是指在总体关税水平较低的情况下，少数产品维持的高关税。经多个关贸总协定回合的谈判，WTO各成员国的平均关税水平已大幅下降，但一些成员在不少领域维持着关税高峰。

2. 关税升级

关税升级是设定关税的一种方式，即随着进口产品加工深度的提高而增加其关税税率。关税升级通常对某一特定产业使用的进口原材料设置较低的关税，甚至是零税率，而随着加工深度的提高，相应地提高半成品、制成品的关税税率。关税升级能够较为有效地达到限制附加值较高的半成品和制成品进口的效果，是一种比较常见的贸易壁垒。

3. 关税配额

关税配额是指对一定数量（配额量）内的进口产品适用较低的税率，对超过该配额量的进口产品则适用较高的税率。

微课：关税
壁垒风险

4. 从量关税

从量关税是指以货物的计量单位作为征税标准，以每一计量单位应纳的关税金额作为税率的关税。从量关税对单位数量的同类产品征收同值的关税。

5. 从价关税

从价关税是指以货物的价格作为征税标准的关税。由于加工程度高的产品和奢侈品价格昂贵，税率较高，因此，从价关税可能对加工程度高的产品或奢侈品的进口构成障碍。

近年来，世界贸易保护主义抬头，各国以关税壁垒为主的贸易摩擦层出不穷。其中，中美贸易争端最主要的表现形式就是关税之战。

2018年4月4日，美国政府发布了加征关税的商品清单，将对我国输美的1 333项500亿美元的商品加征25%的关税。美方这一措施违反了世界贸易组织规则，严重侵犯了我国的合法权益。根据《中华人民共和国对外贸易法》和《中华人民共和国进出口关税条例》的相关规定，经国务院批准，国务院关税税则委员会决定对原产于美国的大豆、汽车、化工品等14类106项商品加征25%的关税。

2018年4月5日，时任美国总统特朗普要求美国贸易代表办公室依据"301调查"，额外对1 000亿美元的中国进口商品加征关税。这一做法严重违反了国际贸易规则。

2018年5月29日，美国政府宣布将对从中国进口的含有"重要工业技术"的500亿美元的商品征收25%的关税。其中包括与"中国制造2025"计划相关的商品。最终的进口商品清单于2018年6月15日公布，并很快对这些进口商品征收关税。

2018年6月15日，美国政府发布了加征关税的商品清单，将对从中国进口的约500亿美元的商品加征25%的关税，其中对约340亿美元商品自2018年7月6日起实施加征关税措施，同时对约160亿美元的商品加征关税开始征求公众意见。当日，经国务院批准，国务院关税税则委员会发布公告决定，对原产于美国的659项约500亿美元的进口商品加征25%的关税，其中对农产品、汽车、水产品等545项约340亿美元的商品自2018年7月6日起实施加征关税，对其余商品加征关税的实施时间另行公告。

2018年7月6日，美国开始对第一批清单上的818个类别、价值340亿美元的中国商品加征25%的进口关税。中国也于同日对同等规模的美国商品加征25%的进口关税。

2018年7月10日，美国政府公布了进一步对华加征关税的清单，拟对约2 000亿美元的中国商品加征10%的关税，其中包括海产品、农产品、水果、日用品等项目。这一轮关税措施将经公众评论，并在8月20日至23日举行听证会。美国政府在8月30日公众评论结束后决定下一步行动。

2018年8月8日，美国贸易代表办公室（USTR）公布第二批对价值160亿美元的中国进口商品加征关税的清单，8月23日起生效。最终清单包含了2018年6月15日公布的284个关税项目中的279个，包括摩托车、蒸汽轮机等商品，对其征收25%的关税。

2018年8月23日，美国在"301调查"项下对自中国进口的160亿美元的商品加征25%的关税。

2019年5月10日，美国对2 000亿美元中国输美商品加征的关税从10%上调至25%。

2019年8月15日，针对美国贸易代表办公室宣布将对约3 000亿美元自华进口商品加征10%的关税，国务院关税税则委员会有关负责人表示，美方此举严重违背了中美两国元首阿根廷会晤共识和大阪会晤共识，背离了磋商解决分歧的正确轨道。中方将不得不采取必要的反制措施。

2019年10月，美国商务部发布公告称，自10月31日起对中国3 000亿美元加征关税清单的商品启动排除程序。自2019年10月31日至2020年1月31日，美国利害关系方可向美国贸易代表办公室提出排除申请，需要提供的信息包括有关商品的可替代性，是否被征收过反倾销、反补贴税，是否具有重要战略意义或与中国制造2025等产业政策相关等。如果排除了申请得到批准，自2019年9月1日起已经加征的关税可以追溯返还。

2019年12月19日，国务院关税税则委员会公布第一批对美加征关税商品的第二次排除清单，对第一批对美加征关税商品，第二次排除部分商品，自2019年12月26日至2020年12月25日，不再加征我国为反制美国301措施所加征的关税，已加征关税的不予退还。第一批对美国加征关税的其余商品，暂不予排除。

2020年1月15日上午，中美第一阶段经贸协议签署仪式在美国白宫东厅举行。2020年1月16日，中华人民共和国财政部等五部委发布《关于发布中美第一阶段经贸协议的公告》，披露了协议的中英文版本。

2020年2月6日，国务院关税税则委员会决定，调整对原产于美国约750亿美元进口商品的加征关税措施。自2020年2月14日13时01分起，2019年9月1日起已加征10%关税的商品，加征税率调整为5%；已加征5%关税的商品，加征税率调整为2.5%。

二、关税壁垒风险的防范措施

外贸企业可以采取以下措施规避和防范关税壁垒风险。

（1）采用合理的避税措施来保护自己，如通过在国外设立分公司、生产线、办事处等。

（2）对于和进口国贸易伙伴合作紧密的企业，外贸公司可积极向当地国贸易伙伴提出要求，由该贸易伙伴向当地政府和行业协会提出自己的诉求，维护双方的共同利益。

（3）咨询或聘请具有丰富国际贸易经验的律师，获得技术支持。

（4）随时关注进口国的政策变化，从多方渠道主动了解信息，以便迅速调整销售计划。

第二节　退税风险及其防范

　　玉米淀粉、酒精等玉米深加工产品的出口是我国农产品出口不可或缺的重要一环。我国是仅次于美国的玉米淀粉第二大生产国。玉米淀粉的产地主要集中在华北和东北地区，其中山东、吉林、河北、河南和陕西五个省份的玉米淀粉产量占据了我国玉米淀粉总产量的89%左右。山东A贸易公司是当地著名的玉米产品深加工企业。主营产品玉米淀粉、变性淀粉、麦芽糖、玉米蛋白粉和玉米纤维蛋白，年加工能力180万吨，主要出口东南亚国家，其中印度尼西亚所占的比重较大。2015年11月，A贸易公司与印度尼西亚的老客户签订了10万美元的玉米淀粉现货出口订单，交货期3个月。签订合同时玉米淀粉的退税率是13%，不料2015年12月中旬，财政部和国家税务总局联合发出通知，将对玉米深加工产品的退税率进行调整，从2016年1月1日起对玉米淀粉、酒精的出口退税予以取消（原出口退税率为13%）。A贸易公司立即对该订单的利润率重新进行了核算，若按照新政策，出口退税取消，将大幅减少收入，损失惨重。A公司立即与该客户协商沟通，希望理解并要求适当涨价。若不能涨价，A贸易公司希望与客户协商取消订单，因为如果履约，将损失惨重。最后因客户不同意涨价，A公司只好取消了订单，所幸的是客户考虑长期的合作关系，未要求取消订单的违约金。近十多年来，中国的玉米深加工产品相关的出口退税政策总计有八次变化。2016年1月1日开始，对玉米淀粉、酒精的出口退税予以取消，但至9月1日，国家又恢复了对玉米淀粉、酒精的出口退税率13%。至2020年未再做调整。自2016年恢复玉米淀粉出口退税以来，刺激了玉米淀粉的出口回升，玉米淀粉出口量屡创新高。因此国家在玉米深加工行业出口退税的政策变化对于玉米深加工企业的出口有着重要的影响。

案 例分析

实行出口退税制度的目的是让本国出口商品用不含税的价格参与国际贸易，防止其他国家重复征收该商品的相关各项税款。这是一种提高本国出口商品国际竞争力的主要手段，也是全球各个国家以WTO规则为前提，激励本国企业出口贸易普遍采取的一项税收优惠政策。WTO规则支持出口退税来源于经济理论上对流转税的定义和"消费者付其税"的商品课税准则，出口退税制度不仅符合WTO规则促进经济全球化的目标，而且符合其维护全球贸易正常化的要求，是全球各国或地区在国际贸易活动中的重要手段。

出口退税属于出口国出口政策的重要形式之一。出口政策变化对国内产业结构的变化有一定的影响。同样，产业结构的变化也会反映到出口产品结构的变化上，双方互为补充，相辅相成。国家正是考虑到这种相辅相成的关系，可以通过出口政策的变动，平衡二者之间的需求，促进二者优化，进而促进整体市场的转型发展。因此，出口退税率的变化对玉米深加工出口企业的发展具有重大影响，这种影响无论是促进性的还是压制性的，都将对该行业的产业和贸易结构产生影响。

2010年中国玉米淀粉出口突破36.6万吨，但自从2010年取消出口退税政策开始，玉米淀粉出口量便逐年回落。到了2014年，玉米淀粉出口量已降至5.6万吨，较2010年跌落了31万吨。2015年，虽然我国对出口退税政策进行了调整，但由于国际玉米价格低廉，中国玉米淀粉出口优势并不明显，只有在第四季度才有一定的出口，年出口量达到7.4万吨，略有回升。乙醇出口也有类似的情况。2016年我国玉米淀粉出口总量13.28万吨，较上年增幅79.95%，总共出口至54个国家和地区，主要集中在东南亚和南亚国家。这得益于我国玉米市场化改革的推动作用及9月1日起出口退税率的恢复。

出口退税率的上调可以使玉米深加工产品的出口数量增加，提高玉米深加工企业的出口效益，同时相关的上下游产业（如原料、设备等）也会随之推进生产。这些环节生产量的增加可以带动相关产业劳动力的就业，使社会消费总量提高，企业经济效益提高进而增加国家的财政收入。但是也需警惕，出口企业在税率上调后，普遍选择投入低廉的劳动力以摊平成本或利用出口商品的退税获取利润，一味追求出口数量，忽视出口产品质量的现象，缺乏转型升级的意识，在国际市场难以立足。因玉米深加工产品退税政策变动较大，玉米深加工出口企业需在报价时，充分考虑政策调整带来的利润变动，建议在合同中注明如果订单履约过程中遇到退税调整，价格需重新协商等条款，同时要提高预付款的比例，预防客户在遇到政策调整时毁约。

微课：出口
货物退（免）
税的定义

一、出口退税的含义及条件

（一）出口退税的含义

出口退税指一国或地区将出口商品在本国或地区内消费与流通等环节征收的间接税（如国内增值税或国内消费税等）税款退还给出口企业的税收制度。它是各国的通行做法，其目的是帮助企业降低成本，增强企业出口产品在国际市场上的竞争力，鼓励出口创汇。

（二）出口退税条件

1. 必须是增值税、消费税征收范围内的货物

增值税、消费税的征收范围，包括除了直接向农业生产者收购的免税农产品以外的所有增值税应税货物，以及烟、酒、化妆品等11类列举征收消费税的消费品。

2. 必须是报关离境出口的货物

所谓出口，即输出关口，包括自营出口和委托代理出口两种形式。区别货物是否报关离境出口，是确定货物是否属于退（免）税范围的主要标准之一。凡在国内销售、不报关离境的货物，除另有规定者外，不论出口企业是以外汇还是以人民币结算，也不论出口企业在财务上如何处理，均不得视为出口货物予以退税。

对在境内销售收取外汇的货物，如宾馆、饭店等收取外汇的货物等，因其不符合离境出口条件，均不能给予退（免）税。

3. 必须是在财务上做出口销售处理的货物

出口货物只有在财务上做出销售处理后，才能办理退（免）税。也就是说，出口退（免）税的规定只适用于贸易性出口货物，而对非贸易性出口货物，如捐赠的礼品、在国内个人购买并自带出境的货物（另有规定者除外）、样品、展品、邮寄品等，因其一般在财务上不做销售处理，故按照现行规定不能退（免）税。

4. 必须是已收汇并经核销的货物

按照现行规定，出口企业申请办理退（免）税的出口货物，必须是已收外汇并经外汇管理部门核销的货物。

一般情况下，出口企业向税务机关申请办理退（免）税的货物，必须同时具备以上4个条件。但是，生产企业（包括有进出口经营权的生产企业、委托外贸企业代理出口的生产企业、外商投资企业，下同）申请办理出口货物退（免）税时必须增加一个条件，即申请退（免）税的货物必须是生产企业的自产货物。外商投资企业经省级外经贸主管部门批准收购的出口货物除外。

二、出口退税企业的分类标准和分类管理

（一）出口退税企业的分类标准

2016年9月1日，国家税务总局施行了新的退（免）税企业分类管理办法。出口企业管理类别分为一类、二类、三类、四类。

1. 一类出口企业的评定标准

近3年未发生过虚开增值税专用发票或者其他增值税扣税凭证、骗取出口退税的行为；上一年度的年末净资产大于上一年度该企业已办理出口退税额的60%；持续经营5年以上（因合并、分立、改制、重组等原因新设立企业的情况除外）；评定时纳税信用级别为A级或B级。

评定时海关企业信用管理类别为高级认证企业或一般认证企业；评定时外汇管理的分类管理等级为A级；企业内部建立了较完善的出口退（免）税风险控制体系。

2. 三类出口企业的评定标准

自首笔申报出口退（免）税之日起至评定时未满12个月；评定时纳税信用级别为C级，或尚未评价纳税信用级别；上一年度累计6个月以上未申报出口退（免）税（从事对外援助、对外承包、境外投资业务的，以及出口季节性商品或出口生产周期较长的大型设备的出口企业除外）；上一年度发生过违反出口退（免）税有关规定的情形，但尚未达到税务机关行政处罚标准或司法机关处理标准的；存在省税务局规定的其他失信或风险的情形。

3. 四类出口企业的评定标准

评定时纳税信用级别为D级；上一年度发生过拒绝向税务机关提供有关出口退（免）税账簿、原始凭证、申报资料、备案单证等情形；上一年度因违反出口退（免）税有关规定，被税务机关行政处罚或被司法机关处理过的；评定时企业因骗取出口退税被停止出口退税权，或者停止出口退税权届满后未满2年的；四类出口企业的法定代表人新成立的出口企业；列入国家联合惩戒对象的失信企业；海关企业信用管理类别认定的失信企业；外汇管理的分类管理等级为C级；存在省税务局规定的其他严重失信或风险的情形。

4. 二类出口企业的评定标准

一类、三类、四类出口企业以外的出口企业，其出口企业管理类别应评定为二类。

出口企业管理类别评定工作每年进行1次，应于企业纳税信用级别评价结果确定后1个月内完成。从评定工作完成的次月起，税务机关对出口企业

实施对应的分类管理措施。

（二）出口退税企业的分类管理

主管税务机关可为一类出口企业提供绿色办税通道（特约服务区），优先办理出口退税，并建立重点联系制度，及时解决企业有关出口退税问题。对一类出口企业中纳税信用级别为A级的纳税人，按照《关于对纳税信用A级纳税人实施联合激励措施的合作备忘录》的规定，实施联合激励措施。

（1）对一类出口企业申报的出口退（免）税，税务机关经审核，同时符合下列条件的，应自受理企业申报之日起5个工作日内办结出口退税手续：

① 申报的电子数据与海关出口货物报关单结关信息、增值税专用发票信息比对无误；

② 出口退税额计算准确无误；

③ 不涉及税务总局和省税务局确定的预警风险信息；

④ 属于外贸企业的，出口货物是从纳税信用级别为A级或B级的供货企业购进；

⑤ 属于外贸综合服务企业的，接受其提供服务的中小生产企业的纳税信用级别为A级或B级。

（2）对二类出口企业申报的出口退（免）税，税务机关经审核，同时符合下列条件的，应自受理企业申报之日起10个工作日内办结出口退税手续：

① 符合出口退税相关规定；

② 申报的电子数据与海关出口货物报关单结关信息、增值税专用发票信息比对无误；

③ 未发现审核疑点或者审核疑点已排除完毕。

（3）对三类出口企业申报的出口退（免）税，税务机关经审核，同时符合下列条件的，应自受理企业申报之日起，15个工作日内办结出口退（免）税手续：

① 符合出口退（免）税相关规定；

② 申报的电子数据与海关出口货物报关单结关信息、增值税专用发票信息比对无误；

③ 未发现审核疑点或者审核疑点已排除完毕。

（4）对四类出口企业申报的出口退（免）税，税务机关应按下列规定审核：

① 申报的纸质凭证、资料应与电子数据相互匹配且逻辑相符；

② 申报的电子数据应与海关出口货物报关单结关信息、增值税专用发票信息比对无误；

③ 对该类企业申报出口退（免）税的外购出口货物或视同自产产品，税务机关应对每个供货企业的发票，都抽取一定的比例发函调查；

④ 属于生产企业的，对其申报出口退（免）税的自产产品，税务机关应对其生产能力、纳税情况进行评估；

⑤ 税务机关按照上述要求完成审核，并排除所有审核疑点后，应自受理企业申报之日起，20个工作日内办结出口退（免）税手续。

三、出口退税额的计算

现行外贸企业出口货物应退增值税税额，依进项税额计算，具体计算公式为：

应退税额 = 出口货物数量 × 加权平均进价 × 退税率

其退税依据是外贸企业购进出口货物的进价，而生产企业自营（委托）出口应退的增值税是执行"免、抵、退"或"先征后退"。实行"免、抵、退"税管理办法的"免"税，是指对生产企业出口的自产货物，免征企业生产销售环节的增值税；"抵"税，是指生产企业出口的自产货物所耗用原材料、零部件等应予退还的进项税额，抵顶内销货物的应纳税款；"退"税，是指生产企业出口的自产货物在当期内因应抵顶的进项税额大于应纳税额而未抵顶完的税额，经主管退税机关批准后，予以退税。

出口退税的税额取决于出口离岸价销售收入及其进项税额。在日常税收管理中，大部分企业采用自营出口或委托外贸出口，自行办理出口退税的形式，也有部分企业把货物销售给外贸出口，由外贸企业办理出口退税的形式。这两种形式由于在退税方面采用不同的退税方式，由此也产生了不同的结果。

四、退税风险的防范

出口国退税政策的上调或下调都会影响出口商的利润获取，该风险是因国家政策变化而产生的，很难提前预知或者控制，一旦国家出口政策调整而出口商没有或者无法及时想办法避免，就会遭受损失。中国外贸企业应定期、及时查看财政部和国家税务总局的通知文件，及时掌握退税政策调整的时间，在给买方报价时预留利润率，同时在合同中附加相关条款，以防止退税调整带来的损失。

第三节　汇率风险及其防范

案例导入

　　浙江义乌A饰品出口企业（以下简称"A企业"）的主要出口客户是美国大型商超，付款方式多为OA 90至120天。自美国2020年3月新型冠状病毒性肺炎疫情（简称"新冠疫情"）大面积暴发以来，部分客户因需求下降取消了订单，部分客户因账期未到，还未收回货款。A企业美元账户上存有大量资金尚未结汇。

　　2020年9月14日，人民币兑美元的中间价报6.822 2元，达到2019年5月13日以来的新高；在岸、离岸人民币兑美元的汇率双双升破6.8元，午后盘中突破6.78元关口。因为新冠疫情的原因，美元在2020年3月份短暂强势升高之后很快开始走软。近几个月，下滑趋势进一步显著。从2020年3月以来，美元指数累积下跌了10%。随着新冠疫情在美国暴发并逐渐恶化，美国经济前景转暗，与此同时，美国政府推出刺激计划，直接将联邦政府预算赤字水平推到超高水平，美联储进一步承诺将会把利率维持在零，这种表态进一步强化了市场对于美元将持续走弱的预期。反观中国经济，在疫情冲击中率先走了出来，同时在2020年10月份美国大选之后，随着中美关系不确定性的降低，人民币还有进一步走强的空间。市场普遍预期人民币将持续走强，美元将持续走弱，这对于中国的外贸企业无疑是雪上加霜。

　　因为人民币的持续升值，A企业在汇率上已损失逾10万元。公司总经理非常后悔没有早点结汇或者采用汇率避险工具早做准备。

案例分析

　　本案例中，A企业没有采用任何防控措施，因人民币的持续升值减少了企业的盈利，出口利润下降，遭受的损失惨重。

　　在国际贸易中，贸易双方从商品买卖成交到货款的实际支付，会有一段时间间隔。特别是在国际贸易竞争日益激烈的情况下，出口商为了增强国际竞争能力，扩大出口，进口商为了获得延期付款的好处和融通资金的便利，往往签订远期支付合同。在这一时期内，假如支付货币汇率上升或本币汇率下跌，出口商从中获得无偿收益，反之则造成损失。因此，对于汇率风险，外贸企业需要采取以下规避和防控措施以减少损失。

（1）选择好合同计价货币。在对外贸易和资本借贷等经济交易中，交易双方的签约日期同结算或清偿日期总是存在一个时间差，在汇率不断变动而且软硬币经常更替的情况下，选择何种货币作为合适的计价货币，往往成为交易双方谈判时争论的焦点，因为它直接关系到交易主体是否承担汇率风险的问题。尽量采用本国货币作为计价货币，这样就避免了货币的兑换问题，也就不存在汇率风险。因此出口商品、资本输出时应争取选用币值稳定、坚挺的"硬币"；进口商品、资本输入时争取选用币值疲软的"软币"。这样，出口商和债权人以"硬币"作为合同计价货币，当结算和清偿时，这种货币汇率上升，会以同样多的外汇兑换更多的本国货币；而进口商和债务人以"软币"作为合同货币，当结算和清偿时，计价货币汇率下跌，则会以较少的本国货币兑换更多的外汇用来结算货款和清偿债务。但这种方法有其局限性，货币的"软"和"硬"都是相对的，而且是可以互相转换的，即使很受欢迎的自由外汇汇率也有可能发生波动，其软硬局面会发生改变。

（2）以远期外汇交易弥补风险。通过预先确定汇率和金额的远期交易是一种较为直接的弥补风险手段。假定中方出口企业，预计在三个月后收进以美元计价的出口货款，可与银行预先约定在三个月后卖出美元。美元资金一入账就进行交割，也就是以约定的汇率将美元卖给银行，换成人民币，这样通过远期外汇交易对可能产生的交易结算风险进行有效防范。这里需要考虑弥补风险的成本，可以通过现时的远期汇率与即期汇率的比较来决定弥补风险是否有利。如果对结汇期到期时的即期汇率的估计与现在的远期汇率差别不大，现在的远期汇率与即期汇率之差就是一般的弥补风险成本。对资本交易而言，通常也通过预先进行远期合约来起到弥补风险的作用。

（3）慎重考虑出口收汇的结算方式。外贸企业还应根据业务实际，慎重考虑出口收汇的结算方式，做到安全及时。这是外贸出口收汇应贯彻的一个原则。一般而言，即期信用证结算方式最符合安全及时收汇的原则。远期信用证结算方式收汇安全有保证，但不及时，因此汇率发生波动的概率就会弱化收汇的安全性。至于托收结算方式，由商业信用代替了银行信用，安全性大大降低。所以，为了达到安全及时收汇的目的，要根据业务的实际情况，在了解对方资信的前提下，慎重灵活地选择适当的结算方式。

一、汇率风险

（一）汇率风险的含义和主要形式

1. 汇率风险的含义

汇率风险是指在国际经济、贸易、金融活动中，因外汇汇率波动而引起外币计价的资产或负债价值上涨或下降而遭受损失的可能性。

2. 汇率风险的主要形式

微课：外汇风险之交易风险

（1）交易风险。交易风险是由于外汇汇率波动而引起的应收资产与应付债务价值变化的风险。在国际经济贸易中，贸易商无论是即期收付还是延期收付都要经历一段时间，在此期间汇率的变化可能会给交易者带来损失，从而产生交易结算风险。这是目前外贸企业最常遇到的风险。

（2）会计风险。会计风险是由于汇率变化而引起资产负债表中某些外汇项目金额变动的风险。外贸企业的会计风险，主要产生于外贸企业将以外币表示的资产负债折算为记账本币的过程，是外贸企业财务报表账面数字上的损益，无实际意义。一般认为，识别会计风险，要看外贸企业是否有外币交易，还要看外贸企业交易发生日与财务报表日的汇率是否发生了变动。

（3）经济风险。经济风险是由于意料之外的汇率变动对企业的产销数量、价格、成本等产生影响，从而引起企业未来一定期间收益增加或减少的一种潜在风险。经济风险是汇率变动对外贸企业未来收益和成本的影响，要比交易风险和会计风险更有深度和广度，期限也要超过交易风险和会计风险的影响。

（二）影响汇率波动的主要因素

1. 国际收支及外汇储备

国际收支就是一个国家的货币收入总额与付给其他国家的货币支出总额的对比。如果货币收入总额大于支出总额，便会出现国际收支顺差；反之，则是国际收支逆差。国际收支状况对一国汇率的变动能产生直接的影响。发生国际收支顺差，会使该国货币对外汇率上升；反之，则会使该国货币汇率下跌。

2. 利率

利率作为一国借贷状况的基本反映，对汇率波动起决定性作用。利率水平直接对国际间的资本流动产生影响，高利率国家发生资本流入，低利率国家发生资本流出，资本流动会造成外汇市场供求关系的变化，从而对外汇汇率的波动产生影响。

3. 通货膨胀

一般而言，通货膨胀会导致本国货币汇率下跌，通货膨胀的缓解会使汇率上浮。通货膨胀影响本币的价值和购买力，会引发出口商品竞争力减弱、进口商品增加，还会对外汇市场产生心理影响，削弱本币在国际市场上的信用地位。这三方面的影响都会导致本币贬值。

4. 政治局势

一国及国际间的政治局势变化，会对外汇市场产生影响。政治局势的变化一般包括政治冲突、军事冲突、选举和政权更迭等，这些政治因素对汇率的影响有时很大，但影响时限有限。

二、汇率风险的防范措施

（一）远期结售汇

它是指外汇指定银行与客户协商签订远期结售汇协议，约定未来办理结汇或售汇的外币币种、金额、汇率和期限。到期时，按照该远期结售汇协议约定的币种、金额、期限、汇率办理结售汇业务，由于远期结售汇把汇率的时间结构从将来转移到当前，事先约定了将来某一日向银行办理结汇或售汇业务的汇率，因此这种方法能够完全消除外汇风险。

（二）掉期业务

人民币与外币掉期业务是指按一种期限买入或卖出一定数额的某种货币的同时，再按另一种期限买入或卖出相同数额的同种外币的外汇交易。一笔掉期交易是由两笔不同期限的外汇交易组成的，买卖的货币币种掉期业务相同且金额相等，但交割期限不同，交割方向相反。由于买卖交易的币种与金额相同，持有外币的净头寸未变，改变的只是交易者持有外汇的时间结构，因而可以避免因时间不同造成的汇率变动风险。

（三）外汇期货

外汇期货交易是在期货交易所内，交易双方通过公开竞价达成的在将来规定的日期、地点、价格，买进或卖出规定数量外汇的合约交易。外汇期货交易合约是在未来特定的日期交割货币的一种标准化合约，每个合约根据货币种类的不同拥有标准（固定）的金额。外汇期货交易是一种标准化的远期外汇交易，交易必须严格按照期货市场关于货币种类、交易金额、交割日期等统一的标准化规定进行，成交后需交纳一定的保证金，买进卖出还需支付少量的手续费。

（四）外汇期权

外汇期权交易是在约定的期限内，交易双方以约定的汇率和数量进行外汇购买权或出售权的买卖交易。在进行外汇期权交易时，买卖双方要签订期权合约，与前几种交易方式的不同之处在于，外汇期权的买方买到的是一种购买或出售某种外汇的权利，而不是义务，而且期权买方可根据汇率的变动与自己的预期是否一致决定是否行使这一权利。期权买方可以在汇率变动对自己有利时，按规定的汇率和数量行使其购买或出售外汇的权利，履行合约。若不想行使该项权利，可以放弃期权，不履行合约。获取期权的乙方必须付出相应的代价，这个代价被称为期权费用。相反，期权卖方将期权的行使权卖给买方后，在期权交易中，无权利可言，只有义务。当期权买方按约定行使购买（出售）外汇的期权时，期权卖方必须出售（购买）外汇；当期权买方放弃行使期权，则期权卖方可获得期权费用的补偿。

第四节　政治风险及其防范

案例导入

2018年8月，浙江A出口企业向F国买方出口酒店用品，合同金额2.5万美元，合同支付方式为50%的T/T预付款，余款见提单复印件T/T支付。A企业在收到买方T/T预付款后发货，货物到港后买方拒收。买方提出货物已错过销售旺季，目前无法销售且需支付较高的仓储费用。因可能造成50%的合同金额损失，A企业立即将上述情况通报了中国出口信用保险公司（以下简称"中信保"）。经中信保调查，买方借口已错过销售旺季，实为因连日爆发的"黄背心"运动导致酒店业的预订人数急剧下降造成的需求减少。

此事的缘起是，F国政府计划从2019年上调燃油税，引发民众的强烈不满。2018年11月17日，是F国50年来最大的骚乱，一些民众连续6周举行抗议活动，首日约28万人参与。至12月，再次爆发暴力抗议示威活动。随着F国骚乱进入到第六周，其对F国经济所造成的负面冲击已经逐渐显现，大规模的抗议并没有因F国总统就燃油税的让步而偃旗息鼓，相反，抗议范围已蔓延到对执政者各项政策的不满。抗议活动波及地区的批发业销售额下降了15%~25%，零售业销售额下降了20%~50%，酒店业的预订人数更是罕见地下降了15%~20%。政局不稳定引发了商业风险的发生。F国买方短期内拖欠货款或者拒收货物，甚至申请破产的风险大大增加。在上述订单中，A企业与买方进行了多轮协商，买方仅同意以9 000美元和解。考虑到货物状况，为了避免费用持续上升造成损失扩大，出口企业不得不接受买方的和解方案。

案 例分析

在全球化背景下，国与国之间的贸易形势瞬息万变。稳定的政治局势是进出口商进行国际贸易活动的重要前提。进口国一旦出现政局动荡，如政府倒台、战争及政治暴乱等，民众消费信心势必大跌，从而必然导致进口需求急剧下降，直接影响出口商的经济利益。如本案例中的A企业就是因为F国的暴乱导致商业风险，影响了尾款的收汇工作，造成了损失。

面对进口国政局的不稳定，出口企业在签订订单前需时刻留意进口国国内政局的走向，可以通过新闻媒体、网络渠道，如我国驻进口国参赞处或大使馆的官方通告等多种途径进行了解，尤其是高危国家的情况。外贸企业需重点关注交易买方所处的行业是否出现异动，买方能否正常经营，当地政府出台的相关举措等。

对于新的买方，还可以投保短期出口信用保险，向中信保申请调取买方的资信报告，掌握买方最新的资信情况，听取出口信用保险的专业建议签订合同，保障后续货款的安全。一旦出现风险，出口企业也可以主动寻求中信保的帮助，积极配合，保障自身合法权益，争取最大限度减少损失。

对于已出现政局不稳定迹象的国家，建议暂缓签约。若已签约但货物尚未生产、出运，建议就合同付款方式及发货周期重新拟定对我方更有利的条款以应对或有风险，如提高预付款比例等，并尽可能取得买方对剩余货款的书面确认。外贸企业应尽量等待买方书面确认出运时间后，再安排货物的生产、出运事宜。

对于在进口国政局动荡前就已签订并生产的订单，在得知对方国内情况后，应尽量和客户保持日常紧密联系。对可能发生的风险，如因码头罢工、货物囤积导致的迟交货物，客户因政局动荡引起的需求下降进行弃货，进口国货币贬值等风险需要提前预见，并准备好应对方案。外贸业务员要提高对产品市场行情走势和政局走向关联度的洞察力和判断能力，以防买方临时取消订单。

若货物已出运且尚在运输途中，进口国国内政局突然发生变动，则应尽快主动联系客户，探听虚实。若发现客户有违约可能，则应果断做出决定，或通知船公司中途转港，或同时联系进口国其他客户寻求新买主，或视情况降价卖给客户，或立即研究退运的可能性。

若货物已到港，则应尽快联系买方付款并提取货物。若买方已提取货物，但尚未付款，建议外贸企业及时与买方对账，加强对应收账款的催收，并注意保留所有的书面材料。

一、政治风险

（一）政治风险的含义和表现形式

1. 政治风险的含义

政治风险是指进口国国内的政治事件给外贸企业的经济利益带来不利影响的可能性。

2. 政治风险的表现形式

政治风险的具体表现包括进口国政府的政权更替、战争、社会动荡、暴乱等。政治风险可以由一个国家的主权行为引起，与进口国的政治经济政策和行业措施等国家行为有关。例如，一个国家的国有化措施，对外资的征用和没收等风险。政治风险也可以由投资者无法控制的意识形态冲突、种族冲突、宗教冲突和内部纷争等非自然因素造成，使企业遭受经济损失。

（二）当前政治风险现状

近年来全球经历了向多极化世界秩序的过渡，给多边主义和自由贸易带来了重重挑战。一系列影响深远的政治事件对全球贸易经济影响巨大。中美关系、美伊关系、美俄关系、中东复杂的政治环境都导致了国际社会关系日趋紧张。政治的紧张局势将对经济产生影响。2020年初，新型冠状病毒性肺炎疫情的暴发也使贸易和供应链受到了极大的破坏，全球对经济冲击的抵御能力降低。同时，2019-2020年的贸易争端和经济对抗可能给全球经济带来7 000亿美元的损失，全球债务水平令人担忧。在全球经济增长前景黯淡、财政和经常账户趋于赤字化、生产增长放缓，以及对高风险借贷的偏好日益增加的情况下，债务水平的上升使许多市场的金融稳定受到严重威胁。面对这些不利条件，许多政府不得不采取艰难的平衡措施。他们必须通过结构性改革解决经济失衡问题，但这样做会给社会稳定带来风险。2019年年末，许多拉美国家遭遇了这一难题，在玻利维亚、智利、哥伦比亚和厄瓜多尔爆发的抗议活动就是例证。骚乱的核心原因是对生活水平下降、贫困程度提高，以及长期采取紧缩措施的不满。抗议活动不仅限于拉丁美洲，在伊拉克、伊朗、黎巴嫩、法国等国家和中国香港地区也有发生。放弃多边主义和全球合作意味着各国政府可能不愿对全球经济危机做出协调一致的应对，货币和财政刺激的范围也将进一步收窄。

2020年西方不少国家在新型冠状病毒性肺炎疫情，《中华人民共和国香港特别行政区维护国家安全法》，涉疆涉藏问题上干涉中国内政，就人权问题说事，持意识形态偏见，搞双重标准，将人权问题政治化，在新冠病毒上污名化中国，极大地影响了中国与相关国家的贸易关系。

二、政治风险的防范措施

（一）密切关注各国的政治动态

面对如此复杂且变化多端的国际形势，外贸企业应深刻认识全球风险形势的变化，密切关注各国政局走向，各类经贸政策及外资审查政策调整情况。

（二）利用出口信用保险工具

出口企业在应对政治风险时，可以参考每年中信保发布的《国家风险报告》（简称《报告》）。《报告》以中国信保在外经贸领域的独家承保经验为基础，深度分析全球风险态势，研究成果对我国企业开展对外贸易和海外投资活动具有较高的参考价值。自2005年以来，中国信保已连续15年发布该《报告》。2019年的《国家风险报告》分为上下两册。上册主要内容包括192个国家的国家风险、主权信用风险评级结果及评级变化原因分析，55个重点国家的政治、经济、商业和法律风险分析及相关政策建议。下册侧重于分析全球投资风险、行业风险及企业破产风险，并对"走出去"的企业的海外经营面临的风险提出相关政策建议。

《报告》显示，总体来看2018年下半年以来，单边主义对全球治理体系构成重大挑战，地缘政治风险显著提高，全球经济下行压力不断积累，社会安全风险持续加剧，全球国家风险水平总体有所上升。从全球国家风险变化情况看，全球181个国家风险评级保持稳定。日本、埃及、尼日利亚3个国家的风险水平下降（评级调升），伊朗、也门、苏丹等8个国家的风险水平上升（评级调降）。从全球企业破产风险层面来看，石油、天然气和矿产等行业的企业破产风险有所下降，但在互联网等新技术的冲击下，零售行业的企业破产风险不断加大。随着2019年全球经济进一步放缓，企业破产形势将日益严峻。

《报告》认为，未来全球风险呈现五大特点：一是受大国和地区间博弈、冲突加剧影响，地缘政治风险总体或将呈上升趋势。二是世界经济增长动力不足的风险逐步通过大宗商品价格等渠道传导至大多数初级产品出口国。三是全球营商环境复杂多变，企业面临的经营环境改善空间有限。四是全球特别是拉美和非洲部分国家债务风险仍将处于高位。五是全球行业风险凸显且差异化显著，行业发展分化趋势进一步加剧。

（三）参考国际投资风险指数

除了中信保的《国家风险报告》，也可以参考目前国际上比较有影响的国际投资风险指数作为政治风险的定级评估。

（1）"富兰德"指数，该指数由英国"商业环境风险情报所"每年定期提供。

（2）"国家风险国际指南综合指数"，该指数由设在美国纽约的国际报告集团编制。

（3）"国家风险等级"由日本"公司债研究所"、《欧洲货币》和《机构投资家》每年定期在"国家登记表"中公布对各国的国际投资风险程度分析的结果。

第五节　非关税壁垒及其防范

2020年10月，福建某3C电子产品制造企业A公司出口一批蓝牙耳机到印度，被告知从2020年10月1日起，该类商品需进行印度BIS的强制认证。这些商品必须在印度BIS认可的实验室进行相应标准的测试及注册，本体或外包装上需加贴BIS标志，否则不予进入市场。因为新冠疫情的影响，印度BIS认证此前一度停止了案件审核注册和厂检在内的服务，所有的实验室停止测试，暂停样品文件递送等。A公司的这批蓝牙耳机属于因新冠疫情导致迟交货的范畴，因BIS此前的暂停服务，无法完成相应的申请，错过了6个月的法令过渡期，导致10月1日法令生效后无法进入市场。目前A公司正在申请不可抗力条款的申辩。

2020年3月25日开始，代表约7 000万家贸易商和4万个贸易协会的全印度贸易商联合会（CAIT）与"所有州的杰出商业领袖"讨论中国产品占领印度市场这个话题，并于6月10日发起了名为"INDIAN GOODS-OUR PRIDE"（印度商品－我们的骄傲）的抵制中国商品运动，目标是在2021年12月前减少进口130亿美元的中国制成品。此次运动的本质是利益群体尤其是进口商和本地厂商的合作与矛盾，也是近期来中印政治与贸易摩擦和争端的产物。在这样的背景下，印度限制中国商品进入的各种政策密集增加。印度国家标准局（BUREAU OF INDIAN STANDARDS）正在针对至少370种产品确定更严格的标准，以确保不会进口那些可以在印度本土生产的产品，包括化工、钢铁、电子、重型机械、家具、造纸、工业机械、橡胶制品、玻璃、金属制品、医药、花卉和塑料玩具等。2020年4月1日，印度标准局（BIS）发布了新增管控产品的法令，也是近期出现的比较重要的技术性贸易壁垒。

2020年4月22日，印度发布了技术性贸易措施通报，公布第4批《电子和信息技术产品（强制注册要求）2012法令》产品目录，新增12项产品，涉及的产品有照明、键盘、蓝牙耳机、USB外部键盘驱动器、电磁炉、电饭煲等。同时通报还指出，该新增目录将于发布日6个月后实施，即2020年10月1日起生效。目前，印度已就《电子和信息技术产品（强制注册要求）2012

法令》发布的4批产品目录，将56项信息、家电、影音、灯具产品纳入强制注册要求。对于这些产品，法令要求必须在印度BIS认可的实验室进行相应标准的测试及注册，本体或外包装上加贴BIS标志等。在6个月的过渡期内国外制造商在印度的代表，如联络处或办事处，可以给已经获得注册号的产品贴上Standard Mark，以便于清关。

印度BIS证书需使用专用的申请书，向BIS新德里总部申请。BIS将对申请者提交的申请文件和资料进行审查，如果手续完备，将申请记录在案，申请者需交纳相应的处理费用。BIS将指派不超过2人的官员团赴工厂检验，而申请者也需承担官员团赴工厂检验的差旅、签证费用等开支及相应的检验费用。如初次检验和测试结果合格，且申请者统一认证后执行BIS认可的检验测试方案并支付BIS标识费，BIS可以向申请者颁发证书，证书有效期为1年。BIS将通过对持证人的常规监督和对工厂、市场上的样品进行突击检查和测试，监督其认证产品的质量。

案 例分析

本案例中印度强制认证BIS证书，属于技术性贸易壁垒。技术性贸易壁垒是指技术性贸易措施对其他国家或区域组织的商品、服务和投资进入该国或该区域市场造成的阻碍。技术性贸易措施可以分为合法的技术性贸易壁垒和非法的技术性贸易壁垒。合法的技术性贸易壁垒是为了维护国家安全，人民健康和环境保护等，并符合相关协定，而非法的技术性贸易壁垒以维护国家安全、人民健康和环境保护为幌子，实际上是为了保护本国相关产业，限制外贸企业，阻碍自由贸易。

在对华贸易上，印度通过增加关税，增加技术性贸易壁垒，暂停货运服务等对中国出口商进行打压。我国商务部新闻发言人在7月2日表示，中方没有针对印度的产品和服务采取任何限制性、歧视性措施。印方有关做法违反世贸组织有关规则和印方在世贸组织中的承诺，希望印方立即纠正相关针对中国和中国企业的歧视性做法。

面对印度新的技术性贸易壁垒，中国外贸企业首先需认真研究BIS技术标准方面的法律法规，掌握相关的技术性贸易措施，通过印度官方网站，收集标准信息，及时采取措施，提前防范。若确认产品在强制认证范围内，要预留充足的时间进行产品送检、检测及注册。同时也需要借助行业的整合力量，利用WTO的有关规定，积极展开外交行动，联合通过外交途径与进口国进行谈判，保护合法利益。

一、非关税壁垒

（一）非关税壁垒的含义

非关税壁垒是指除了关税以外的一切限制进口措施所形成的贸易障碍。相较于传统贸易壁垒以关税为主，非关税壁垒包括所有阻碍国际商品自由流动的要素，被称为新型贸易壁垒。在新型贸易壁垒中，外贸企业的风险主要来自技术性贸易壁垒、绿色贸易壁垒、蓝色贸易壁垒。

传统贸易壁垒与新型贸易壁垒的根本区别是：前者主要是从商品数量和价格上实行限制，所采取的措施大多是边境措施；后者则往往着眼于商品数量和价格等商业利益以外的东西，如多地商品对于人类健康、安全以及环境的影响，体现的是社会利益和环境利益，相关措施不仅是边境措施，还涉及国内政策和法规。

（二）非关税壁垒的特征

1. 双重性

一方面，非关税壁垒往往以保护人类生命、健康和保护生态环境为理由，其中有合理的成分，这无可厚非，况且世贸组织协议也承认各成员国采取技术措施的必要性和合理性只以其不妨碍正常国际贸易或对其他成员方造成歧视为准。所以非关税壁垒有其合法和合理的一面。另一方面，非关税壁垒又往往以保护消费者、劳动者和环境之名行贸易保护之实，从而对某些国家进行有意刁难或歧视，这又是它不合法和不合理的一面。这些负面的东西有时甚至混淆是非，给国际贸易带来不必要的障碍。

2. 隐蔽性

传统贸易壁垒无论是数量限制还是价格规范，相对较为透明，人们比较容易掌握和应对。而非关税壁垒由于种类繁多，涉及的多是产品标准和产品以外的东西，这些纷繁复杂的措施不断改变，让人防不胜防。

3. 复杂性

非关税壁垒涉及的多是技术法规、标准及国内政策法规，比传统贸易壁垒中的关税、许可证和配额复杂得多，涉及的商品非常广泛，程序更加复杂。

4. 争议性

非关税壁垒介于合理和不合理之间，又非常隐蔽和复杂，不同国家和地区之间的标准达成一致难度非常大，容易引起争议，并且不易进行协调，以致成为国际贸易争端的主要内容，于是传统商品贸易大战将被非关税壁垒大战所取代。

二、非关税壁垒的主要风险

（一）技术性贸易壁垒风险

1. 技术性贸易壁垒

技术性贸易壁垒是指一国以维护国家安全、保障人类健康、保护生态环境、防止欺诈行为及保证产品质量等为由而采取的一些技术性措施。它主要通过法律、法令、条例、规定，建立技术标准与法规，合格评定程序的认证制度、包装和标签要求、卫生检验检疫制度等方式，对外国进口商品制定苛刻的技术、卫生检疫、商品包装和标签等标准，从而提高对进口商品的技术要求，最终达到限制其他国家商品自由进入本国。

2. 技术性贸易壁垒风险防范措施

（1）注意收集世界各国技术性贸易壁垒的信息。技术性贸易壁垒大多以国内国际公开立法的形式存在，基本上由发达国家（如欧美、日本等）发动，所以在进入某行业或开发某商品前应先了解进口国是否存在技术壁垒。

（2）了解容易遭遇技术性贸易壁垒的产品。中国是世界上遭遇技术性贸易壁垒最多的国家，以下产品容易遭遇技术性贸易壁垒：动植物类产品、食品、矿产和化工产品、皮革、木材及其制品、纺织品和服装、金属制品、陶瓷玻璃制品、机电产品。

（3）理解技术性贸易壁垒的两面性。所谓两面性是指技术性贸易壁垒会限制产品的出口，但合理的壁垒也有一定的积极作用，它能为优良的合格产品提供市场准入和市场保护机制，促进企业改进生产技术，提高产品技术含量，加快转型升级，最终提高产品的竞争力。

（4）熟悉和适应质量管理体系认证和产品认证。技术性贸易壁垒往往离不开质量管理体系认证和产品认证，比如美国的 UL 和 FDA、日本的 SG 标志、欧盟的 CE 认证等，企业应根据自身的发展战略积极申请，在没有了解相关认证或者取得认证前不能为了订单和市场盲目答应客户的要求。

（二）绿色贸易壁垒风险

1. 绿色贸易壁垒的含义

绿色贸易壁垒也称环境壁垒，是指那些为了保护生态环境直接或间接采取的限制甚至禁止贸易的措施。通常绿色贸易壁垒由进出口贸易中为保护本国生态环境和公众健康而设置的各种环境保护措施、法规标准等组成，是对进出口贸易产生影响的一种贸易壁垒。绿色贸易壁垒的法律依据主要包括国际环境保护公约中的环境壁垒，多边贸易协议中的环境壁垒，国内法律法规中的环境壁垒。

微课：绿色贸易壁垒风险

2. 绿色贸易壁垒的表现形式

绿色贸易壁垒的表现形式主要包括绿色关税制度、绿色技术标准制度、绿色环境标志制度、绿色包装制度、绿色补贴制度、绿色卫生检疫制度。如《WEEE》是欧盟议会及欧盟委员会于 2003 年 2 月 13 日在其官方公报上发布的，全称《废旧电子电气设备指令》，规定欧盟市场上流通的电子电气设备的生产商必须在法律上承担起支付报废产品回收费用的责任，同时欧盟各成员国有义务制定自己的电子电气产品回收计划，建立相关配套回收措施，使电子电气产品的最终用户能够方便并且免费地处理报废设备。

3. 绿色贸易壁垒风险防范措施

（1）收集世界各国绿色贸易壁垒的有关信息。绿色贸易壁垒主要来自欧美市场，许多大型超市都已将"绿色标签"作为其采购的一个必要条件，这也是未来国际贸易的一个趋势，客户或者工厂往往最熟悉所经营的商品是否涉及绿色贸易壁垒。好的绿色标准可以保护和改善环境，有助于国际贸易的可持续性发展。

（2）努力争取绿色证书的取得。如无法解决绿色贸易壁垒或无法提供相关证书，切勿盲目进入某一市场或者答应客户的要求。

（3）充分核算绿色标准的成本。绿色标准是需要成本的，有时甚至需要较高的成本，因此报价时要予以考虑。

（三）蓝色贸易壁垒风险

1. 蓝色贸易壁垒

微课：社会
责任壁垒风
险

蓝色壁垒又称社会责任壁垒，是指以劳动者的劳动环境即生存权利为借口采取的贸易保护措施。如果企业不符合相关标准，将禁止该企业的产品进口。如社会责任国际标准体系（SA 8000），该标准体系是一种基于国际劳工组织 ILO 宪章、联合国儿童权利公约、世界人权宣言而制定的以保护劳动环境和条件、劳工权利等为主要内容的管理标准体系。它是全球首个道德规范国际标准，其宗旨是确保供应商所供应的产品符合社会责任标准的要求。

2. 蓝色贸易壁垒风险防范措施

（1）深入研究社会壁垒，制定相应的应对策略。建立起完善而有效的监测体系、质量认证和市场准入制度，着力创造可持续发展的条件。

（2）积极参与认证，融入世界市场。我国的出口企业要重视贸易对象国的产品认证要求，积极与国外认证机构合作，争取成为其代理。应重视本行业劳工标准等信息的收集和分析工作。要充分发挥国外代理商和当地人员便于收集信息的作用，及早发现问题并及时采取应对措施。

（3）积极开展社会营销。企业有社会责任观念就会有目的、有计划地主动承担对员工、消费者和社区的社会责任。企业获得了良好的品牌形象和社会声誉，可以为企业做市场营销提供良好的条件。出口企业可以通过社会嵌入，利用企业社会责任创新企业营销战略。

习题与训练 <<<<<<<<<<<<<<<<<<<<<<<<<<<<<<<<<<<<<<<<<<<<<<<<<<

一、单选题

1. 欧美客商下达生产订单前，通常会按照国际通行的某一标准进行"验厂"，这被视为国际贸易中的社会壁垒。这种衡量企业道德行为和社会责任的标准是（　　　）。

   A. ISO9000　　　　　　　　B. ISO14000

   C. SA8000　　　　　　　　D. ROHS

2. 下列不属于宏观经济环境风险给企业带来的不利影响的是（　　　）。

   A. 全球金融危机带来汇率的剧烈波动给企业造成汇兑损失

   B. 全球经济衰退造成部分业主支付能力下降，增加企业资金回收的难度

   C. 全球性的通货膨胀导致原材料价格上涨，企业经营成本增加

   D. 客户拖欠货款，导致企业资金链紧张

3. 当预测本国货币汇率上升，外国货币汇率下降时，出口商应（　　　）。

   A. 提前付款　　　　　　　　B. 提前收款

   C. 推迟付款　　　　　　　　D. 推迟收款

二、判断题

1. ROHS、WEEE、REACH、BSCI都属于技术性壁垒。　　　　（　　）

2. 政权变动、主权违约、外汇管制和战争都属于政治风险的表现形式。
　　　　　　　　　　　　　　　　　　　　　　　　　　　　（　　）

3. 绿色贸易壁垒是各国限制他国产品进口从而实施贸易保护的主要手段。　　　　　　　　　　　　　　　　　　　　　　　　　（　　）

三、案例分析题

1. 2020年10月21日，人民币汇率在离岸市场和在岸市场持续飙升，双双创下逾两年来的高点。其中，在岸人民币对美元最高触及6.640 0元，日内涨幅逾250点；离岸人民币对美元最高触及6.629 3元，日内涨幅超过300点。两者均刷新了2018年7月以来的纪录。10月22日，中国外汇交易中心公布人民币对美元汇率的中间价为6.655 6元，较前一交易日上升了225点，连续6个交易日持续上涨，创下自2018年7月11日以来的新高。

面对人民币的持续升值，外贸企业应该采用什么样的避险措施？

2. 印度商工部对外贸易局（DGFT）2020年10月15日发布41/2015–2020号公告，禁止含制冷剂的空调（HS 84151010、84151090）进口，包含分离式（Split系统）及其他类别空调，自即日起生效。印度国内空调市场规模约50~60亿美元，2019–2020年，分离式空调进口占333亿卢比，单机式空调进口占25亿卢比，主要来自中国大陆及泰国，超过90%。此举目的在抑制非必需品进口，促进印度本地制造业，推动自给自足计划（Atma Nirbhar Bharat），将有利于印度本地的空调制造业。

此指令对于国内空调出口企业有怎样的影响？属于哪类风险？该如何防范？

3. 2016年12月中旬起至2017年1月初，某水产企业G集团向澳大利亚A买方出口10个货柜的调味虾产品，价值逾120万美元，1月中旬起，货物陆续到港。2017年1月6日，澳大利亚副总理巴纳比·乔伊斯宣布，鉴于澳大利亚国内多个农场出现对虾白斑综合症疫情，澳大利亚从2017年1月7日暂停进口生对虾及部分生虾制品。该政策直接导致A买方已清关的1票货物被政府强制存放在监管仓库，另外9票货物无法清关进口。G集团是大型水产加工企业，年出口规模约2亿美元，与A买方是十多年的贸易合作伙伴，主要交易产品为调味虾、罗非鱼片等水产加工品，双方年交易量约1000万美元，A买方历史回款及时，从未出现拖欠货款的情况。2017年1月中旬，G集团接到A买方告知未能提货事宜。由于G集团第一次遇到此类情况，非常困惑：如果最后A买方无法提货，损失由谁来承担？如果逼迫A买方付款，则有可能影响其他产品的交易（双方仍有罗非鱼片等其他水产品正常交易和回款中）。

请问在此案例中G集团遇到了什么类型的外贸风险？面对此类风险，G集团该采取哪些措施降低目前的损失？

【学习目标】

【能力目标】

- 能分析破产风险并提出防范措施

- 能分析欺诈风险并提出防范措施

- 能分析货款拖欠风险并提出防范措施

- 能分析拒收拒付风险并提出防范措施

【知识目标】

- 掌握短期出口信用保险的保险责任和业务操作流程

- 熟悉破产和欺诈的常见情形和风险

- 熟悉货款拖欠和拒收拒付的常见情形和风险

【素养目标】

- 具备较强的契约精神

- 具有一定的风险防范意识

思 维导图 <<<<<<<<<<<<<<<<<<<<<<<<<<<<<<<<<<<<<<<<<<<<<<<<<<<<<

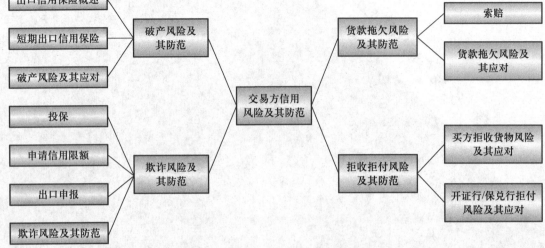

第一节 破产风险及其防范

案 例导入

2019年6月至9月，厦门甲出口企业向美国A进口企业出运3票约20万美元的货物，支付方式为OA60天。美国A进口企业3票业务分别出现了15天、20天、30天的延迟付款情形。2020年3月至5月，厦门甲出口企业继续向美国A进口企业出运3票约30万美元的货物，支付方式为OA90天。然而，2020年5月中旬，厦门甲出口企业突然收到美国A进口企业的邮件，告知其已进入破产保护程序，此时美国A进口企业已经提取前两票货物，第三票货物（货值约8万美元）仍在运输途中。厦门甲出口企业获悉买方破产信息后遂向中国出口信用保险公司报损。

案件受理后，中国出口信用保险公司立即委托美国渠道展开紧锣密鼓的勘察。经美国渠道调查得知，美国A进口企业已于2020年5月初申请第11章破产重组程序。鉴于前两票货物已被买方提取，厦门甲出口企业在渠道的协助下成功向破产法院登记了债权，以期通过破产分配获得清偿；对于第三票货物，在确保厦门甲出口企业控制货权的前提下，一方面美国渠道积极与破产管理人联系，了解其对即将到港货物的基本态度；另一方面厦门甲出口企业在中国出口信用保险公司的指导下，积极寻求其他货物处理方案。此后经渠道与破产管理人多轮斡旋交涉，破产管理人最终表示愿意以九折（约7.2万美元）接货，有效降低了厦门甲出口企业的损失。

1. 厦门甲出口企业操作存在的问题

2019年6月至9月，美国A进口企业3票业务分别出现了15天、20天、30天的延迟付款情形。厦门甲出口企业没有重视对美国A进口企业的风险调查，2020年3月至5月，厦门甲出口企业继续向美国A进口企业出运3票约30万美元的货物，支付方式为OA90天。金额增加了10万美元，付款时间从OA60天延长到OA90天，导致风险不断扩大。

2. 厦门甲出口企业破产风险的应对

在国际贸易中，债务人申请破产后，其任何形式的对外付款均要受到法院的监管，法院将通过破产程序公正、公平地保证同级债权人获得同比例的金额分配。买方破产虽然是买方风险的极端表现形式，但买方破产并不意味着必然全损，厦门甲出口企业遭遇买方破产风险时，应合理利用当地破产法律，根据出口货物的不同状态，采取有效措施，积极减损。

（1）及时登记债权。以OA为支付方式，在厦门甲出口企业难以控制货权的情况下，美国A进口企业已收货物将被列为破产财产，参与清算和分配。甲出口企业应在规定期限内向破产法院登记债权，以期通过破产程序获得清偿。

（2）订立所有权保留条款。所有权保留是指买卖双方在合同中或者补充协议中约定，在货物交付后，卖方保留货物的所有权直至买方付款。在国际贸易实践中，当国外买方付款前破产的情形时，该条款能够将货物所有权保留在甲出口企业手中，避免出现"货、款两空"的局面。值得注意的是，虽然许多国家的法律确立了所有权保留条款的法律地位，但该条款在不同国家和地区的应用有不同程度的限制，甲出口企业在合同中约定该条款前，应注意A进口企业所在国对该条款的限制性规定。

（3）积极寻求货物处理方案。货物出运后，甲出口企业应通过货代及时关注货物到港的情况及A进口企业提货情况，了解目的港海关政策等信息，以便在A进口企业付款出现问题时可以尽快处理货物，展开减损工作。如遇货物出口后A进口企业申请破产，对于在途或滞港的货物，甲出口企业应及时控制货权，同时积极寻求货物处理方案，避免损失扩大。

首先，对于在途货物，甲出口企业应及时和货代联系，要求货代未经甲出口企业允许不得擅自放单，确保对货物的控制权。

其次，买方申请破产后，破产管理人会本着对破产方有利的原则，决定是否继续履行合同义务。因此，风险发生后应积极同破产管理人沟通协商，了解破产管理人对于货物的基本态度，明确其有无接货意愿。

最后，在与破产管理人沟通协商的同时，还应积极寻求其他货物处理方案，如在当地或周边国家寻找意向买方，或考虑退运等处理方案，综合评估可能产生的成本、费用及处理周期，以便在破产管理人拒绝接货的情况下，仍可从其他货物处理方案中选择最优者，将损失减少到最低。

一、出口信用保险概述

（一）出口信用保险的含义

1. 出口信用保险的概念

出口信用保险是国家为推动外贸出口，保障出口企业收汇安全而制定的一项由国家财政提供保险准备金的非营利、政策性保险业务。中国出口信用保险公司及各地分支机构是中国政府授权开展该业务的唯一单位。

2. 出口信用保险的性质

出口信用保险是世界各国支持本国出口贸易的通行做法，是各国政府为提高本国企业的国际竞争力，以国家财力为后盾，为企业在出口贸易中的合法权利提供保障的特殊性支持措施，是WTO补贴和反补贴原则上允许的支持出口政策。

目前，国家对投保出口信用保险的出口企业都给予10%的保费补贴，地方财政另外给予保费补贴，补贴额度每年都有新的规定。

3. 出口信用保险的内容

出口信用保险承保的对象是出口企业的应收账款，承保的风险主要是人为原因造成的商业信用风险和政治风险。商业信用风险主要包括：买方因破产而无力支付债务、买方收货后超过付款期限四个月以上仍未支付货款、买方因自身原因而拒绝收货及付款。政治风险主要包括因买方所在国禁止或限制汇兑、实施进口管制、撤销进口许可证、发生战争、叛乱等卖方、买方均无法控制的情况，导致买方无法支付货款。而以上这些风险，是无法预计、难以计算发生概率的，因此也是商业保险无法承受的。

（二）出口信用保险的适用条件

出口信用保险是国家为鼓励出口而采取的WTO允许的措施，增加出口企业的竞争力，但以下出口贸易合同不适用于投保出口信用险：

（1）发货前或在劳务提供前，价款全部预付的出口合同；

（2）金额和付款期限不确定的出口合同；

（3）不以货币结算的贸易合同；

（4）违反我国或进口国法律的贸易合同；

（5）投保人与其关联企业之间的交易合同不能办理商业风险的保险，但可办理政治风险保险。

（三）出口信用保险费率的确定

中国出口信用保险公司在确定出口信用保险的费率时需考虑以下要素：

（1）进口商所在国所属的风险类别

中国出口信用保险公司根据各进口国政治、经济等形势确定进口国的风险类别，根据风险类别来确定其出口信用保险费率。中国出口信用保险公司公布的"短期出口信用保险国家（地区）分类表"是查询进口国家风险的主要依据。

（2）进出口双方支付方式的风险程度

根据进出口双方约定的支付方式不同，中国出口信用保险公司确定了不同的保险费率，对于风险较大的支付方式将收取较高的保费。

（3）信用期限的长短（一般为180天以内）

根据支付方式与信用期限的不同，对于不同的出口目标国家或地区，中国出口信用保险公司将确定不同的费率。

（4）出口企业一年投保出口信用险的规模总量

出口企业的规模与信誉也成为中国出口信用保险公司确定保险费率需要考虑的问题，信誉良好的企业将享受更优惠的费率。

（四）出口信用保险的种类

目前中国出口信用保险公司为我国出口企业提供的保险产品和服务主要包括：

（1）短期出口信用保险，简称短期险，本保险保障一年期以内，出口商以信用证（L/C）、付款交单（D/P）、承兑交单（D/A）、赊销（OA）方式从中国出口或转口的收汇风险。中国出口信用保险公司承保商业风险和政治风险。

（2）中长期出口信用保险，旨在鼓励我国出口企业积极参与国际竞争，特别是高科技、高附加值的机电产品和成套设备等资本性货物的出口以及承包海外工程项目，支持银行等金融机构为出口贸易提供信贷融资。中长期出口信用保险通过承担保单列明的商业风险和政治风险，使被保险人可以有效规避以下风险：

① 出口企业收回延期付款的风险；

② 融资机构收回贷款本金和利息的风险。

中国出口信用保险公司目前所开办的中长期出口信用保险业务主要有：出口买方信贷保险、出口卖方信贷保险。

（3）投资保险，是为了支持中国企业到境外投资，鼓励外国及中国香港、澳门、台湾地区的投资者来中国大陆投资而开办的，分为海外投资保险与来华投资保险两类。

（4）担保业务，是为了提升企业信用等级，帮助企业解决出口融资困难，担保业务服务于国内出口企业和提供出口融资的银行。

除此之外，中国出口信用保险公司还提供商账追收、资信评估、保单融资、国内贸易信用保险等服务。下面重点介绍短期出口信用保险。

二、短期出口信用保险

微课：短期
出口信用保
险

（一）含义和作用

1. 含义

短期出口信用保险是国家为了推动本国的出口贸易，保障出口企业的收汇安全而制定的一项由国家财政提供保险准备金的非营利的政策性保险业务，一般指贸易合同中规定的放款期限不超过180天的出口业务。经中国出口信用保险公司书面同意，放款期限可以延长至360天。

2. 作用

短期出口信用保险的主要作用有：

（1）保障出口业务的收汇安全，减少风险发生后的经济损失；

（2）提升在国际市场中的竞争地位和能力；

（3）帮助实施"出口多元化"战略，为开拓新市场助一臂之力；

（4）提供买方资信调查服务，增加买方资信的共享机会；

（5）提供资金融通的便利；

（6）帮助追讨欠款。

（二）适保范围

1. 短期出口信用保险适用于在中国境内注册的企业进行的符合下列条件的出口贸易

（1）销售合同真实、合法、有效，一般应包括合同主体、货物种类、数量、价格、交货时间、地点和方式及付款条件等主要内容。

（2）以信用证或非信用证为支付方式，信用期限不超过360天；其中，信用证应为按照约定的《跟单信用证统一惯例》开立的不可撤销的跟单信用证。

2. 三不承保

（1）被列入特别风险提示国家的所有客户不承保。（国家风险E）

（2）被列入特别风险的客户不承保。（黑名单客户）

（3）超过信保批复有效期的出口不承保。（限额失效）

温馨提醒：投保日期超过提单之日起30日的业务不承保。（超期投保无效）

（三）保险责任

保险人对被保险人在保单有效期内按销售合同或信用证约定出口货物后，因下列风险引起的直接损失，按保单约定承担保险责任。

1. 商业风险

（1）非信用证支付方式下包括以下情形：

① 买方破产或无力偿付债务；

② 买方拖欠货款；

③ 买方拒绝接受货物。

（2）信用证支付方式下，包括以下情形：

① 开证行破产、停业或被接管；

② 开证行拖欠；

③ 开证行拒绝承兑。

2. 政治风险

（1）非信用证支付方式下包括以下情形：

① 买方所在国家或地区颁布法律、法令、命令、条例或采取行政措施：禁止或限制买方以合同约定的货币或其他可自由兑换的货币向被保险人支付货款；禁止买方所购的货物进口；撤销已颁发给买方的进口许可证或不批准进口许可证有效期的延展。

② 买方所在国家或地区，货款须经过第三国颁布延期付款令。

③ 买方所在国家或地区发生战争、内战、叛乱、革命或暴动，导致买方无法履行合同。

④ 导致买方无法履行合同、经保险人认定属于政治风险的其他事件。

（2）信用证支付方式下包括以下情形：

① 开证行所在国家或地区颁布法律、法令、命令、条例或采取行政措施，禁止或限制开证行以信用证载明的货币或其他可自由兑换的货币向被保险人支付信用证款项。

② 开证行所在国家或地区，信用证付款须经过第三国颁布延期付款令。

③ 开证行所在国家或地区发生战争、内战、叛乱或暴动，导致开证行不能履行信用证项下的付款义务。

④ 买方所在国家或地区颁布法律、法令、命令、条例或采取行政措施，禁止买方信用证项下或销售合同项下货物进口。

⑤ 导致开证行无法履行信用证项下付款义务的、经保险人认定属于政治风险的其他事件。

3. 除外责任

除非保单另有规定，保险人对下列损失不承担赔偿责任：

（1）汇率变更引起的损失。

（2）由于被保险人或其代理人违约、欺诈以及其他违法行为所引起的损失，或被保险人的代理人破产引起的损失。

（3）被保险人知道或应当知道本条款第二条项下约定的风险已经发生，或者由于买方根本违反销售合同或预期违反销售合同，被保险人仍继续向买方出口所遭受的损失。

（4）非信用证支付方式下发生的下列损失：银行擅自放单、货运代理人或承运人擅自放货引起的损失；被保险人向其关联公司出口，由于商业风险引起的损失；由于被保险人或买方未能及时获得各种所需许可证、批准书或授权，致使销售合同无法履行或延期履行引起的损失。

（5）信用证支付方式下发生的下列损失：因单证不符或单单不符，开证行拒绝承兑或拒绝付款所造成的损失；信用证项下的单据在递送或电讯传递过程中迟延、遗失、残缺不全或误邮而引起的损失；被保险人未按照规定提交信用证项下单据而引起的损失，但不包括交单前发生保单承保的风险，被保险人按照保险人的指示不提交信用证项下单据的情形；虚假或无效的信用证造成的损失；保单保险责任以外的其他损失。

微课：客户
信用风险之
破产风险

三、破产风险及其应对

（一）破产的含义

根据出口信用保险规定，破产是指买方已申请破产获申请破产保护或已无力偿付债务。

（二）破产风险应对

被保险人应采取有效措施积极减损，与保险公司共同采取措施控制风险，尽力减少损失。

（1）建立客户资信数据库和付款记录，尤其是贸易量大的客户和老客户；如有可能，对有一定业务量的重点客户每年进行一次访问。

（2）出现客户付款延缓时需及时与客户沟通，了解真实情况，如情况严重，则需停止发货，收回刚发出去的货物。

（3）客户从经营不善到破产往往有很长一段时间，这段时间是避免风险、减少损失的关键，需果断及时。

（4）如贸易合同中约定了有效的"所有权保留"条款或"无权保留"条款，被保险人应尽快取回货物进行转卖或联系退运，以最大限度减少损失。

（5）如被保险人还有货物尚在运输途中，也应立即联系转卖或办理退运。

第二节　欺诈风险及其防范

 **例导入**

　　2018年7月初，浙江A企业接到美国一个新买家120万美元的订单，向中国出口信用保险公司浙江分公司（以下简称"浙信保"）申请信用限额。经过评估，该买家虽有一定成立年限，但海关进口记录少，且其他信息并不透明，浙信保不同意授信，并告知企业该买家的相关情况，建议谨慎交易。

　　8月初，A企业再次向浙信保提出限额申请，考虑到企业已和美国买家正式签订出口合同且已生产备货，给予小额授信，并再次建议A企业注意出运节奏，控制风险。

　　8月中旬，A企业开始出货，并将出口金额基本控制在授信额度内，支付方式为OA60天。10月中旬，买家未如期支付货款，解释是因一笔贷款到期希望适当延期，但向A企业书面承诺，同意在11月中旬之前将货款付清，并同意支付因延期支付货款发生的利息。

　　10月底，买家提出希望将剩下的货物赶紧出口，同意按D/P方式结算；由于圣诞节临近，买家要求空运至美国，并愿意承担所有的运费。A企业考虑到货物已经生产完毕，且按D/P结算，同意了买方要求。

　　11月初，A企业将剩余货物出口完毕，并在出运后要求买家付款赎单，但3天后被告知，货物已被买家提走。

　　11月中旬，A企业向浙信保报损。后续调查发现，买方已停止经营，收到的货物已被处理完毕，负责人逃匿。

　　问：（1）分析A企业操作中存在哪些问题？

　　　　（2）浙信保会赔付A企业的全部损失吗？为什么？

案 例分析

　　（1）A企业操作中存在如下问题：

　　第一道预警出现在接单环节。从未有过交易历史的买家，第一次交易便下达高达120万美元的订单，天上真会掉馅饼吗？

　　第二道预警出现在浙信保授信环节。浙信保对买家的授信会视注册信息、经营状况、历史付款表现等多方面情况综合评定，具有相当的参考价值，同时多次给予该企业风险提示。

第三道预警出现在买家未如期付款上。买家未如期付款，仅仅给予一个书面承诺，A企业便视同付款承诺，这在外贸中是大忌。许多出口风险大案，一开始金额并不大，就是在买家一次次"诚意"的书面承诺下，继续出口，导致风险黑洞不断扩大。

第四道预警出现在空运环节。空运虽然速度快，但就A企业出口的廉价服装而言，成本显然非常高，且费用由买方全额承担，买方如何保证丰厚的销售利润来弥补高昂的费用？

第五道预警出现在D/P支付方式上。D/P支付方式的核心控制风险的手段为控制货权，这需要海运的配套；如果采用空运，出口方将难以再控制货权，为买方提货创造了条件。

（2）浙信保只能赔付对A企业授信额度的应赔损失。出口金额超过浙信保批复限额的，超额部分不予赔偿。

短期出口信用保险的一般操作流程如图2-1所示。

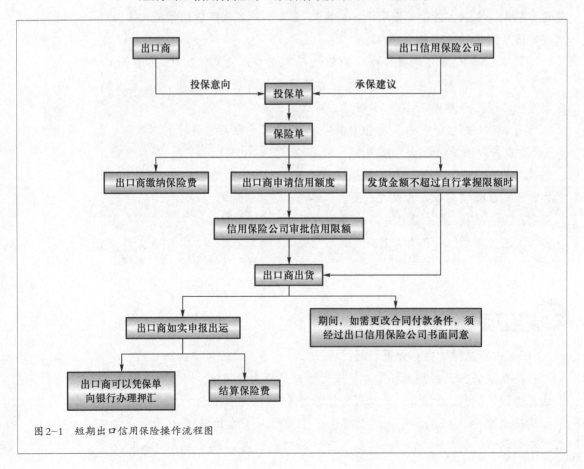

图2-1 短期出口信用保险操作流程图

一、投保

（一）投保资料

投保客户需提供企业法人营业执照、中华人民共和国进出口企业资格证书、中华人民共和国组织机构代码证、投保买家的相关资料。

（二）填写投保单

投保客户在投保单中填写出口企业的名称、地址、投保范围、出口情况、适保范围内的买方清单及其他需要说明的情况后，企业法人签字盖章。

（三）审核保单

中国出口信用保险公司审核保单，核定费率，签发保单，提供保单明细表、费率表、国家（地区）分类表、买方信用限额申请表、信用限额审批单、出口申报单等给客户。

二、申请信用限额

（一）信用限额的含义

信用限额是中国出口信用保险公司对被保险人向某一买方或银行以特定付款方式出口项下的信用风险承担赔款责任的最高限额。信用限额需要逐笔审批。

（二）信用限额的内容

信用限额包含支付条件、金额、生效时间、赔偿比例和有效期等。

（三）信用限额的使用

在保险单有效期内持续有效并一般可循环使用，直至保险人书面变更此限额为止。

（四）信用限额申请

1. 限额申请的时间

签订"短期出口信用保险综合保险单"后，应在执行出口合同前，就保单适保范围内出口的每一个买家及其银行向保险人书面申请信用限额，并填写"信用限额申请表"。

对于新合作的业务，为了避免货物出运时，被保险人所申请的信用限额尚未得到批复导致被保险人无法得到保险保障，被保险人考虑以适保范围内的付款方式与买方交易时，应在洽谈合同意向或在贸易合同生效前，向中国出口信用保险公司提出信用限额申请，以便预留合理的时间给中国出口信用保险公司处理信用限额审批工作。保险公司已拥有买方/银行的详细资料，则5个工作日内核定信用限额；如需向信用调查机构索取资料，则需要7~15个工作日不等。特殊国家/地区或特定买方/银行的审批时间可能因资信较难获得或信息核实、补充等原因耗时较长。

2. 限额申请的支付方式

（1）按照与买方交易的各种支付方式，逐一申请信用限额。在信用证交易方式下，应申请开证行限额；在非信用证交易方式下，如果在一个账期内使用两种支付方式进行交易，则应区分支付方式，申请买方限额。

例如，被保险人A与买方B同时以OA30天及D/P30天两种方式进行交易。30天账期内共出运10万美元，其中OA30天出运6万美元，D/P30天出运4万美元。

被保险人A应提交OA30天出运6万美元和D/P30天出运4万美元的2份限额申请。

（2）高风险支付方式的信用限额可覆盖低风险支付方式的出运。例如，被保险人A获批买方B限额OA30天账期内出运10万美元。

情形一：实际出运时采用D/A30天的方式，出运金额为8万美元，被保险人A不必再提交D/A30天8万美元的限额申请。

情形二：实际出运时采用D/A60天的方式，出运金额为8万美元，则被保险人A需再提交D/A60天8万美元的限额申请或申请将获批的OA30天10万美元限额修改为OA60天10万美元。

（3）同种支付方式下只有一个信用限额。新生效的限额会自动覆盖同种支付方式下的其他限额，被保险人在原限额下出运的保险责任自动归于新生效的限额下。

例如，被保险人A原持有买方B限额OA30天10万美元，7月20日出运10万美元，因出运增加申请将限额追加至OA30天15万美元，该追加申请于8月1日获得保险公司批复，新限额8月2日生效，则被保险人A原持有买方B限额OA30天10万美元即失效。其7月20日出运的10万美元的保险责任自动归于新生效的OA30天15万美元限额下。在8月2日至8月20日间，被保险人A可继续出运5万美元。

（4）注意保单中支付方式的定义。

① 付款交单（D/P）：指买方取得货运单据以买方先付款为条件的销售合同的支付方式以及同等条件的其他形式。

② 承兑交单（D/A）：指买方取得货运单据以买方承兑汇票为条件的销售合同的支付方式以及同等条件的其他形式。

③ 赊账（OA）：指买方在未付款或者未承兑汇票的情况下可以直接取得货物或货运单据的销售合同的支付方式，包括付款交单和承兑交单支付方式下的货物空运、陆运、部分货物单据直接寄至买方以及同等条件的其他形式。

3. 限额申请的信用期限

（1）信用期限的含义。信用期限是指自卖方失去对出运货物的实际控制时起，至其获得买方支付的出运货物的相应对价时止的期间。

（2）信用期限的规定。在非信用证支付方式下，指货物出口之日起至买方应付款日止；在信用证支付方式下，指货物出口之日起至开证行应付款日止。

例如，被保险人A与买方B签订贸易合同，合同规定货物到港后30天T/T付款。货物于5月1日出运，6月1日抵达目的港。则被保险人A应申请OA60天的信用限额。

4. 信用限额

（1）合理申请最高的信用限额。出口企业所需申请的信用限额可根据当年合同金额和出运计划，测算一个付款周期内买方/银行项下应收账款的最高余额，并非手头订单的合计金额。

例如，被保险人A与买方B签订贸易合同，总金额45万美元，付款方式为OA60天，50%的货款在出运前付清，货物分3批出运，出运计划为：3月1日出运15万美元货物、5月10日出运20万美元货物、7月15日出运10万美元货物。最高应收账款约为10万美元，因此应向中国出口信用保险公司申请OA60天10万美元的信用限额。

出口企业所需申请的信用限额可根据当年合同金额和出运计划，测算一个付款周期内买方/银行项下应收账款的最高余额，并非手头订单的合计金额。

例如，被保险人A与买方B签订贸易合同，总金额45万美元，付款方式为OA60天，50%的货款在出运前付清，货物分3批出运，出运计划为：3月1日出运15万美元货物、4月1日出运20万美元货物、5月15日出运10万美元货物。最高应收账款约为17.5万美元，因此应向中国出口信用保险公司申请OA60天17.5万美元的信用限额。

（2）追加信用限额。当出口企业计划与已有信用限额的买方或银行扩大信用交易时，应及时核查原有信用限额是否充足。如不能满足出运需要，要及时提交信用限额追加申请。

追加信用限额的申请视同申请新信用限额，需重新填写"信用限额申请表"，并提供收汇记录以及其他有利于提升买方/银行资信的材料。新限额生效后，原限额自动失效。如出口企业的追加申请不成功，代表该买方/银行的信用水平不足以支撑更大金额的交易，建议将其视为风险预警信号，审慎扩大合作规模。

（3）降低或撤销信用限额。如果出口企业的信用限额长期使用不足，中国出口信用保险公司会相应降低信用限额直至撤销；如果某一买方/银行出现重大负面信息，如拖欠其他被保险人的款项，或经调查得知该买方/银行出现经营困难、财务困难或已破产，中国出口信用保险公司将相应调整该买方/银行的信用限额；如果出口企业向中国出口信用保险公司提交对某一买方/银行的"可能损失通知书"，则该买方/银行的信用限额自"可能损失通知书"提交之日起自动被撤销。

注意：对于撤销或降低有关信用限额前的出运申报，中国出口信用保险公司仍承担相应责任。

（4）自行掌握信用限额。自行掌握信用限额是中国出口信用保险公司依据被保险人风险管理水平与交易历史，对保单适保范围内的每一个买方自动赋予的信用限额。当一个付款周期内出运的金额不超过自行掌握的信用限额时，不必事先申请信用限额即可直接出运，只要在出运后申报期内向中国出口信用保险公司申报即可，但获得中国出口信用保险公司的买方代码是使用自行掌握信用限额的前提条件。在申请买方代码期间，如中国出口信用保险公司发现该买方发生风险异动，将会提醒被保险人注意风险，同时该买方项下自行掌握的信用限额失效。对尚未申请信用限额或已申请信用限额但尚未获得批复的出口业务，中国出口信用保险公司将按被保险人自行掌握的信用限额承担保险责任。对已批复信用限额的买方，被保险人在该买方项下自行掌握的信用限额将自动失效，已实际批复限额为准。若批复限额为零，则该买方项下自行掌握的信用限额为零。

（5）批复零限额的主要情况。多方渠道调查仍不能查到任何信息的买家；有过可能损失、赔偿先例等情况出现的买家；买方的财务或经营情况出现重大风险信号；买方项下批复的有效限额累计责任超过对其核准的总授信额度。

5. 信用限额有效期

（1）信用限额在正式批复后生效，对其生效日后的出口有效。除非"信用限额审批单"特别注明，否则批复的信用限额在保单有效期内均可循环使用。

（2）信用限额闲置期。一般情况下，在"信用限额审批单"中会约定信用限额闲置期，它是被保险人可以在信用限额项下无出运申报的最长期限，即信用限额在生效日后若干天内无相应申报，中国出口信用保险公司将通知信用限额失效。

（3）对于任何一个买方或开证行，如果被保险人未在出运前获得信用限额或信用限额已失效或被撤销，保险人对相应出口不承担赔偿责任。

三、出口申报

（一）出口申报的含义

出口申报是保险公司在保单适保范围内对被保险人的每一笔出口承担保险责任并计收保险费的依据，也是被保险人应尽的义务之一。

（二）申报方式

申报方式分为月申报、周申报和即时申报

（三）出运前排查

被保险人在出运前要核对买方或开证行是否有有效限额，避免无限额、超限额或已发生逾期情况下的出运。当出运金额大大超过买方或开证行有效信用限额余额时，请特别注意，并及时申请追加信用限额或调整发货批次和结算方式，防范和控制风险。

（四）出口申报单

出口申报单主要包括被保险人名称、保单号、买方代码、买方名称、信用限额、缴费支付方式、运输方式、出运日期、商品类别代码（海关）、发票号、货币代码和发票总值等内容。信用证项下的出运申报为：需填写开证行名称及SWIFT码。被保险人在出运申报时应尽量做到完整（单据要素填写完整）、真实（实际出运，与各相关出运单据相符）和及时。申报时，不需要提供贸易合同。

（五）漏申报

被保险人如因特殊情况未按照保单约定时间申报适保范围或约定保险范围内的业务，应及时向中国出口信用保险公司补申报。如补申报之前已经发生损失或可能引起损失的风险事件，中国出口信用保险公司对该补报部分的出口将不承担保险责任。

（六）误申报

误申报是指被保险人在申报时提交了错误信息，包括但不限于错误的买方代码、信用期限、发票号、申报金额、出运日期等。对于被保险人因客观原因造成申报信息错误的，应及时联系中国出口信用保险公司营业机构提交修改申请。

对于被保险人误申报中不属于保单约定保险范围内的业务，中国出口信用保险公司不承担保险责任，同时，将调整保险费通知书，退还相应保险费或冲抵已抵扣的最低保费/预缴保费。

（七）申报后更改合同付款条件

被保险人应立即联系中国出口信用保险公司，及时填写"变更合同支付条件申请表"，待同意后，才会继续承担保险责任。

（1）如变更后的支付条件或信用期限未超出原已批复信用限额的覆盖范围，则无须修改信用限额，仅需要修改已申报的出运信息即可。

（2）如变更后的支付条件或信用期限超出原已批复信用限额的覆盖范围，则需要对信用限额进行调整，并在获得批复后，修改已经申报的出运信息。

四、欺诈风险及其防范

微课：客户
信用风险之
欺诈风险

（一）欺诈风险含义

欺诈风险是指客户在贸易过程中故意制造假象或者隐瞒事实，最终不履行付款义务而给出口商带来的风险。其最主要的表现是通过各种手段骗取货物。

（二）欺诈风险防范要点

（1）做好新客户的资信调查并建立客户数据库。

（2）高风险地区的业务要事先提防，其中一个手段是提高预付款的比例；同时需考虑其他防范措施，比如是否能退运、是否可转销、预付款是否能抵消损失等。

（3）欺诈往往有蛛丝马迹可循，对业务过程中出现的异常情况要引起重视并学会分析，比如订单数量突然增大，对价格无所谓等。

（4）某些国家的法律对国际贸易的纠纷处理有其特殊要求，需要具备一定的知识广度，比如在货物到港后是否可以退回的问题上，不少国家的海关均有其不合理的要求，需事先了解。

第三节 货款拖欠风险及其防范

案 例导入

2018年12月，国内国有船厂B承接荷兰船公司C两艘巴拿马型油轮的修理业务。双方对船舶修理项目、修理周期和修理金额进行了协商，最终确定了船舶修理金额为633万美元，修理周期为3个月，船舶离厂开航前船公司C预付30%，剩余金额443.1万美元于船舶离厂日后360天内支付。

2019年2月24日，两船离厂。船公司C支付离厂预付款189.9万美元。由于该案两艘船从事的西非航线运费水平大幅下降，船公司的船舶期租租金收入大幅减少，无法满足公司之前预测的船舶运营现金流的需要，船东公司虽采取各种措施，资金紧张的局面仍未得到缓解。

2020年2月20日，应付款日到期，船公司C未能支付两艘船舶的剩余修理款项。但由于船公司C一直与国内船厂保持经常性的沟通，在应付款日到期后，船公司C积极与船厂联系，希望船厂在考虑到当前市场环境走低的实际情况下，给船公司C一定的宽限期限。

基于多年的投保实践，船厂B已奠定了良好的投保理念。在订单签署前，已经根据订单条件为两艘船舶申请了OA 360天443.1万美元的信用限额，并于该案两艘船舶修理金额确定后开具发票，及时申报出运，投保了短期综合险。在得到船公司C的延期付款要约后，船厂B及时向中国出口信用保险公司通报了可能损失的通知，中国出口信用保险公司客户经理在接到可能损失的通报后，第一时间指导船厂B提供该笔业务的相关商务材料，与船厂共同研究包括商务合同、完工确认单、发票、谈账协议等在内的商务材料中关于债务责任承担的相关约定，并通过船公司所在国家的深度资信渠道，了解该船东的目前经营情况。经渠道反馈，船公司C向船厂B提供的情况属实，同时，该笔出运存在有效限额涵盖，申报及时，信息准确，无欠缴保费情况发生等问题，属于中国出口信用保险公司的保险责任。

问： 应该如何应付以上情形？

案 例分析

针对本案例，可采用两套解决方案：一是向中国出口信用保险公司提出索赔申请，由中国出口信用保险公司根据管理规定进行赔付后，通过法律或仲裁手段向船公司C进行追偿；二是船厂B保留索赔权利，在中国出口信用保险公司的指导下，与船公司C进行协商，达成新的债务偿还计划。经过与船厂B的充分讨论，鉴于船厂B与船公司C已有三年以上的合作历史，累计有八艘船舶先后进厂修理，合同金额超过2 000万美金，其中放账金额超过1 000万美元，此案发生以前，船公司C从未出现过逾期付款的情况，合作记录良好。同时，经了解，船公司C从事运营的亚欧航线运费水平好于西非航线，租金收入较为稳定。因此，船厂B希望与船公司C达成还款计划。

中国出口信用保险公司从维护船厂B与船公司C的长期客户关系角度着眼，初步同意船厂B签署新的还款计划。经双方协商，达成剩余未付款项将于2013年9-12月分四次偿还的还款计划。船厂向中国出口信用保险公司提交包括该计划在内的"自追申请"。

在计划执行中，在每月约定的还款日到期时，船东均能够做到在5个工作日内将约定金额的款项存入船厂B的指定账户，并于还款计划到期日偿还所有欠付修理费用。

一、索赔

（一）通报可能损失

1. 可能损失、可损通知和可损金额的概念

（1）可能损失。可能损失，简称"可损"是指因保险合同约定的风险事件发生，导致被保险人可能发生的损失。

（2）可损通知。可损通知是指被保险人向保险公司提交的可能损失的书面报告，即"可能损失通知书"。

（3）可损金额。可损金额是指报告期末可损案件对应的可能损失金额，通常指被保险人履行贸易合同约定的义务后，买方未支付或未全额支付合同项下对应发票的应收账款金额或余额。

2. 报损时间

（1）被保险人应在知道或应当知道本保单项下拖欠风险发生之日起30天内，或其他风险发生之日起10个工作日内，向保险人提交"可能损失通知书"。

最终付款日为即期信用证的最终付款日为有关信用证适用的《跟单信用证统一惯例》规定的银行审单期限的最后一日；远期信用证的最终付款日为开证行的承兑付款日或通知到期日。

（2）被保险人未能在本保单规定期限内提交"可能损失通知书"，保险人有权降低赔偿比例。

（3）如果被保险人在规定期限后六个月内仍未提交"可能损失通知书"，保险人有权拒绝承担赔偿责任。

（4）被保险人提交"可能损失通知书"后又收回货款的，应在收到货款后10个工作日内书面通知保险人。

3. 填写"可能损失通知书"

（1）"可能损失通知书"的基本内容有：被保险人名称、保险单号、买方（银行）名称、买方（银行）代码、信用限额、报损日期、致损原因、货物名称、支付条件、出运日期、应付款日、申报日期、合同（信用证）号、发票号、发票金额、可损金额、案情说明、减损措施等。

如填写不完整，材料将被退回，会影响被保险人的报损时效。

（2）被保险人还应注明：是否已在银行办理贸易融资，是否要委托保险人进行海外调查追偿。

4. 提供基本贸易单证资料

（1）贸易合同（信用证）、商业发票、海运提单或其他运输单据、有海关验讫章的出口报关单、案情说明、贸易往来函电等。

（2）委托保险人进行海外调查追偿的，还需签署《委托代理协议》。

（二）申请索赔

1. 索赔时间

（1）被保险人在索赔时，应在提交"可能损失通知书"后四个月内向保险人提交"索赔申请书"，以及"索赔单证明细表"列明的相关文件和单证。

（2）超过上述期限，保险人有权降低赔偿比例或拒绝受理索赔申请，但事先经保险人书面同意的除外。被保险人提交的索赔单证不全而又未能按保险人要求提交补充文件的，保险人有权拒绝受理索赔申请。

2. 索赔材料

除"索赔申请书"外，还需提交"索赔单证明细表"列明的相关文件和单证：

（1）报损索赔文件：可损通知书、委托代理协议、案情说明。

（2）保险文件：投保单、保险单明细表、批单、信用限额申请表/审批单、出口申报单、已交保险费证明。

（3）基本贸易单证：出口贸易合同（订单）、商业发票、海运提单或其他运输单据、有海关验讫章的出口报关单、质检报告、贸易往来函电、买方（银行）承兑函电（D/A、远期L/C方式）等。

（4）损失证明材料：银行出具的未收汇证明（信用证和托收）、买方违约证明、买方拒收货物或要求降价的函电、买方破产或丧失偿付能力的证明文件、证明政治风险事件发生的相关文件等。

（5）证明被保险人已经履行保险合同义务，采取了必要减损措施的文件：拒付抗议书、催讨欠款的函电、被保险人已进行仲裁或海外诉讼的证明文件、转卖或处理货物的相关文件等。

齐全、清楚、无误的索赔材料，将有助于保险人迅速定损核赔。相反，如被保险人不能提供或提供不完整，将影响保险公司的理赔进展，从而最终影响被保险人的利益。

3. 索赔金额

索赔金额仅限于直接损失，不包括利息损失、退税损失和逾期利润等。

（三）定损核赔

1. 定损时间

保险人在受理被保险人的索赔申请后，应在四个月内核实损失原因，并将核赔结果书面通知被保险人，但本保单另有规定的除外。

2. 赔付金额

在符合最高赔偿限额约定的前提下，保险人对保险责任范围内的损失，按照核定损失金额与信用限额从低原则确定赔付基数。该赔付基数在任何情况下不得超过出口货物的申报发票金额。赔付金额为赔付基数与本保单约定的赔偿比例的乘积。

3. 扣除款项

保险人定损核赔时，应扣除下列款项：

（1）买方已支付、已抵销及被保险人未经保险人书面同意擅自降价、放弃债权的部分或接受买方反索赔的款项。

（2）被保险人已通过其他途径收回的相关款项，包括但不限于转卖货物或变卖抵押物所得的款项及担保人支付的款项。

（3）被保险人已从开证行或买方获得的其他款项或权益。

（4）被保险人根据销售合同应向买方收取的利息、罚息和违约金等。

（5）其他不合理的款项或费用。

4. 有付款担保的定损核赔

在被保险人获取有效担保为保险人承担赔偿责任的前提下，除非保险人书面认可，在担保人按担保协议付款以前，或被保险人对担保人申请仲裁或在担保人所在国家（地区）提起诉讼，在获得已生效的仲裁裁决或法院判决并申请执行之前，保险人不予定损核赔。

5. 贸易双方存在纠纷的定损核赔

对存在贸易纠纷的案件，被保险人可先自行与买方协商解决争议。买卖双方协商后达成和解协议的，保险人对买卖双方达成的和解协议进行调查核实，属于保险责任范围内的损失由保险人承担相应的赔偿责任。如被保险人无法与买方通过协商方式解决纠纷，保险人以销售合同约定为依据，结合调查审理结果，综合判定保险责任。如被保险人既无法与买方达成和解协议，又不认同保险人的责任判定结果，则被保险人应先进行仲裁或在买方所在国家（地区）提起诉讼，在获得已生效的仲裁裁决或法院判决并申请执行之前，保险人不予定损核赔。

在发生保险责任范围内的风险时，如涉及货物处理，在被保险人处理完货物前，保险人原则上不予定损核赔。被保险人处理货物的方案事先须经保险人书面同意，否则保险人有权拒绝承担赔偿责任。

（四）追偿

（1）被保险人提交"可能损失通知书"后，应委托保险人进行追偿或按照保险人的指示自行追偿，否则保险人有权降低赔偿比例或拒绝承担赔偿责任。

（2）在被保险人委托保险人追偿的情况下，如查明被保险人所受损失属于赔偿责任，保险人与被保险人按照各自的权益比例分摊追偿费用；如查明被保险人的损失不属于保险人的赔偿责任，追偿费用由被保险人承担。

（3）在保险人赔付后，被保险人应将赔偿所涉及的销售合同、信用证项下的权益转让给保险人，同时，被保险人仍有义务协助保险人向买方或开证行追偿。追回欠款后，保险人按照本保单项下各自的权益比例与被保险人分摊追偿费用和分配追回款。被保险人及其代理人从买方或开证行追回或收到的任何款项，在与保险人分配之前，视为代保险人保管。被保险人应在收到上述款项后十个工作日内将保险人应得部分退还保险人。

（4）保单约定的风险发生后，保险人赔付前，无论被保险人与买方是否有特别约定，除非保险人书面同意，买方对被保险人的任何付款均被视为按应付款日顺序偿还保险项下被保险人对该买方的应收账款。保险项下的应收账款是指被保险人已申报并缴纳保险费的出口所对应的应收账款。

（5）赔付后出现下列情况时，被保险人应在收到保险人退款要求后10个工作日内退还保险人已支付的赔款及相关利息：

① 保险人发现被保险人与买方存在付款担保或贸易纠纷，或被保险人未遵守最大诚信原则。

② 被保险人擅自接受退货、同意折扣、擅自放弃债权或与买方或开证行私自达成和解协议。

③ 因被保险人原因导致保险人不能全部或部分行使代位追偿权。

④ 保险人查明致损原因不属于本保单保险责任范围。

二、货款拖欠风险及其应对

（一）货款拖欠风险的含义

根据出口信用保险规定，货款拖欠风险通常指D/A、OA支付方式下，买方逾期未支付的货款。货款拖欠在出口业务中经常发生，"习惯性拖欠"往往是由于客户内部流转程序的烦琐或者出口商不及时催收造成的；"短期拖欠"是出口商临时遇到资金紧张或其他情况（如假期、银行外汇短缺等）造成的；"恶性拖欠"是进口商经营不善，遇到重大问题造成的，往往是破产的前兆。"习惯性拖欠"和"短期拖欠"经过出口商的努力是可以得到解决和改善的，而"恶性拖欠"情况比较严重。

微课：进口商货款拖欠的风险

（二）货款拖欠风险应对

（1）买方超过贸易合同约定的付款日仍未支付货款，当逾期时间超过30天后，即发生了保单约定的拖欠风险。则应从应付款日起算60天内向保险公司填报"可能损失通知书"。如在OA90天（出运日后90天）方式下，最迟应在出运日后第150天内向保险公司报损；在D/P方式下，如买方明确向被保险人提出拒收货物，或买方虽然没有明确提出拒收货物，但逾期未付款赎单,则拒收风险已经发生,被保险人应在风险发生后的10个工作日内及时填报"可能损失通知书",并通知保险公司。

(2)开证行拖欠指在单证相符、单单相符情况下,开证行超过最终付款日30天仍未支付信用证项下款项。

(3)被保险人应立即停止继续出运货物,以免损失进一步扩大。

(4)被保险人应在规定的期限内,采取发函、传真、电话等多种途径与买方保持密切联系,积极催收货款,并及时、定期向保险公司书面报告自行催收货款的进展情况。

注意:要保留好催款函电即买方回复的邮件、传真等书面证明材料,供保险公司日后介入调查追偿时参考;未经保险公司书面同意,不得擅自降价或放弃部分债权,否则保险公司定损时将会扣除这部分款项。

第四节 拒收拒付风险及其防范

案 例导入

2020年4月,国内出口商A公司向波兰买家B公司出口一批总值4万美元的厨房用品,支付方式为20%预付款,80%见提单付款。货物到港后,B公司始终未付款提货。A公司遂于2020年6月委托中国出口信用保险公司进入海外调查追讨。

中国出口信用保险公司在接到A公司的报损通知后,立即向A公司详细了解货物状况,并指导A公司积极减损,同时向买方展开调查。中国出口信用保险公司介入调查后得知B公司已于2020年7月7日进入破产程序,但尚未公告。同时,本案货物在船公司的掌控下,一方面破产管理人不能接收或销售货物,另一方面放单给原买方或转卖又存在困难。且当时货物的仓储费已达到3.5万美元,超过剩余未付的货款,故A公司考虑作弃货处理。

为了避免货物全损,中国出口信用保险公司海外渠道代表A公司与船公司展开多轮谈判。经过不懈努力,中国出口信用保险公司海外渠道与船公司达成一致意见,形成最终货物解决方案:船公司销售本案货物,预计销售价格为1.5万~2.2万美元,销售所得由船公司和A公司平均分配。

最终,A公司不仅获得货物的销售所得,剩余部分又得到中国出口信用保险公司的保险补偿,挽回了绝大多数损失。

案 例分析

（1）洞悉国际市场风云变幻，及早做好应对措施。国际市场商品的价格变化会受到很多因素的影响，作为出口商要时刻关注这种变化。只有时刻警惕，出口商才能够防患于未然，先期制定方案B，当出现拒收风险时，就不会束手无策地任由进口商摆布了。然而实践操作中，大多数出口商在货物发运后就认为可以"高枕无忧""坐等收钱"，由于没有事前的预估和筹划，当国外买家拒收货物后往往陷入一筹莫展的境地，最终往往是"钱货两空"。

（2）拒收风险发生后，积极减损为首要工作。拒收风险发生时，首先要对买方拒收的真实原因进行预判，并根据具体情况及时选择合理的减损方案。本案中的B公司因面临破产，一再拖延付款，导致货物滞留港口时间较长，仓储费用达到3.5万美元，若非中国出口信用保险公司介入，与船公司从中斡旋，货物很可能推定全损。在这种情况下，出口企业若及时着手联系转卖或退运，可减小因盲目等待买方付款提货导致滞港费用日益攀升带来的额外损失。

（3）选择最优减损方案，将损失降到最低。在处理货物时，一般可采用转卖、折价、放货给原买方、退运等方式解决，但应采取哪种方式，还应具体问题具体分析。本案项下，当货物滞留港口时，中国出口信用保险公司曾向A公司询问其货物处理意见。由于货物为买方定制，转卖存在障碍，退运的费用较高，A公司倾向于作弃货处理。中国出口信用保险公司波兰渠道在与船公司进行交流时，船公司提出代为处理货物，处理货物所得货款与A公司五五分成。从最大减损的角度出发，由船公司代为处理货物的方案明显优于弃货的方案。船公司将货物处理后，将1万美元如约分摊给了A公司。

中国出口信用保险公司友情提醒出口企业在应对拒收风险时，应当抓住有利时机，选择积极有效的减损措施，并寻求专业机构的协助，最大限度地降低损失。

一、买方拒收货物风险及其应对

（一）买方拒收货物的含义

在D/P支付方式下，买方拒收货物；在D/A、OA支付方式下，买方拒绝承兑或拒绝提货。

（二）买方拒收货物风险应对

1. 不能随便承认货物质量存在问题

出现货物拒收时，买方往往以质量问题为借口逃避责任，被保险人在处

微课：进口商拒收货物的风险

理过程中必须谨慎，尤其是答复函电时不得随便做出承诺，因为中国出口信用保险公司在核损过程中不但会检查卖方提交的证据，而且会核实买方提交的证据；一旦发现被保险人承认的和/或承诺的事项影响到最终债权债务的确定，中国出口信用保险公司核损时会直接扣减有关债权，或者降低赔付比例，甚至拒付承担赔偿责任。

如产品出现质量纠纷后，被保险人为了尽快解决问题而承认了质量问题并承诺给予客户一定的折扣作为赔偿，但是客户却始终没有付款；当被保险人提交可损时，必须向中国出口信用保险公司说明情况和有关的条件，否则中国出口信用保险公司在核损过程中也会发现债权债务的难以确定，会认为该公司存在隐瞒不报的嫌疑，从而降低赔付比例，甚至将该公司承诺的事项直接从债权中扣除而不予赔偿。

证明产品质量没有问题的文件包括但不限于：

（1）客户或其代表处在验货后出具的、附有其亲笔签字的质量合格证书。

（2）客户或其代表处在验货后同意发货的、附有其亲笔签字的书面文件。

（3）法定商品由商检部门出具的商检合格证书。

（4）与买方共同认可或者共同指定的第三方出具的检验合格证书。

（5）产品虽然存在瑕疵但是买方确认接受的书面文件。

（6）其他能够证明产品不存在质量问题的书面文件。

2. 设法尽快处理货物

被保险人应在事先经过中国出口信用保险公司书面认可的前提下，本着最大限度减少损失的原则，设法尽快处理货物，以免货物长时间滞留港口造成额外费用，给以后的货物处理增加困难。

3. 留存各种损失证明文件

被保险人在处理过程中，应及时向中国出口信用保险公司书面报告案情进展情况，并注意留存各种损失证明文件，如转卖合同、转卖发票、滞港费发票、仓储费发票、转运费发票等，作为日后索赔的依据。

二、开证行/保兑行拒付风险及其应对

（一）开证行/保兑行拒付含义

开证行/保兑行拒付是指开证行/保兑行拒绝承兑或拒绝付款。

（二）开证行/保兑行拒付风险应对

开证行/保兑行拒付包含不符点的单据是国际贸易惯例赋予开证行的权利。一些经验不足的公司在接到开证行提出的不符点通知时，往往惊慌失

措，匆匆忙忙接受客户降价的请求，直接导致经济损失。其实，信用证项下的单据被拒绝时，并不意味着出口项下的货款已被判死刑，降价也不是解决问题的唯一办法。

（1）确认开证行提出不符点的条件是否满足。根据国际贸易惯例，开证行提出的不符点必须遵守以下条件：

① 在合理的时间内提出不符点，即在开证行收到单据次日起算的5个工作日内向单据的提示者提出不符点。

② 无延迟地依据电讯方式（如条件有限，须以其他快捷方式）将不符点通知提示者。

③ 不符点必须一次性提出，如第一次提出的不符点不成立，即使单据还存在实质性不符点，开证行也无权再次提出。

④ 通知不符点的同时，必须说明单据代为保管，听候处理，或径退交单者。

以上条件必须同时满足，否则开证行便无权声称单据有不符点而拒付。

（2）确认开证行拒付理由是否成立。要认真审核不符点，以国际贸易惯例和国际标准银行惯例为依据，审核开证行所提的不符点是否成立。单据被拒付后，出口商还可以对不符单据进行救济处理。

信用证项下不符单据的救济是指当单据由于不符而遭开证行拒付之后，受益人可在规定的时间内及时将替代或更正后的单据补交给银行。根据UCP600的规定，单据经审核存在不符点且银行决定拒付时，开证行所承担的信用证项下的付款责任得以免除；但当受益人在规定时间内补交了符合信用证规定的单据，开证行仍然必须承担其付款责任。遗憾的是，由于首次交单的拒付率居高不下，许多当事人似乎在情急之下淡忘了这一可能的解决方案。

（3）被保险人应及时向中国出口信用保险公司通报可能损失，同时在中国出口信用保险公司规定的期限内通过交单行或议付行向国外开证行（或保兑行）进行及时、有效的抗辩和追讨。

（4）若抗辩、追讨无效，在控制货权的情况下，被保险人还应本着最大限度减损的原则，尽快寻求货物处理方案，避免货物长期滞港导致损失扩大。

① 要积极与开证申请人洽谈。开证行拒付并不意味着开证申请人拒付，如果开证申请人最终放弃不符点，尽管开证行并不受开证申请人决定的约束，但一般会配合开证申请人付款。所以开证行拒付后，如果不符点确实成立，应分析与开证申请人之间的关系以及此笔交易的实际情况，以决定怎样与其交涉，说服开证申请人接受不符点并付款。只要货物质量过关，商品市

场价格较好，开证申请人一般不会以此为借口拒绝接受单据。

② 降价或另寻买主。单据被拒付后，受益人拥有对单据的处理权，这就意味着货权并未丧失，受益人可以根据实际情况处置货物。不过这有一个前提，就是信用证要求的是全套提单，若 1/3 的提单已寄给申请人，提交给银行的是信用证所要求的 2/3 的提单，则难免钱货两失。从理论上讲，单据被拒付后，即使申请人接受不符点，开证行也无权擅自向申请人放单。如果市场情况好，出口商可以选择以更高的价格转卖给第三者，从中获得更大的利益。

习题与训练

一、多选题

1. 以下不属于出口信用保险承保范围的是（　　　）。

   A. 被列入特别风险提示国家的所有客户

   B. 被列入特别风险的客户

   C. 超过信保批复有效期的出口

   D. 投保日期超过提单之日起 15 日的业务

2. 开证行提出不符点必须遵守的条件有（　　　）。

   A. 在合理的时间内提出不符点，即在开证行收到单据次日起算的 5 个工作日内向单据的提示者提出不符点

   B. 无延迟地依据电讯方式（如条件有限，须以其他快捷方式）将不符点通知提示者

   C. 不符点必须一次性提出，如第一次所提不符点不成立，即使单据还存在实质性不符点，开证行也无权再次提出

   D. 通知不符点的同时，必须说明单据代为保管，听候处理，或径退交单者

二、判断题

1. 付款交单支付方式下的货物空运时，投保出口信用保险，应选择 D/P。

（　　　）

2. 高风险支付方式的信用限额可覆盖低风险支付方式的出运。 （　　　）

三、案例分析题

1. 摩托车出口商 A 于 2019 年 3—5 月向土耳其买方 B 出运 5 票摩托车，发

票金额共计80万美元，支付条件为30%预付款，余款见提单COPY件付款，贸易术语为FOB，货代为买方指定。出运前出口商收到预付款24万美元，货物到港口后买方未及时提货，并多次表明因银行贷款问题无法及时付款，且多次承诺付款。出口商获悉买方因银行贷款问题资金紧张后，一方面积极向买方跟进银行贷款的进度，督促买方尽快付款赎单提货；另一方面积极寻找新的买方处理该批货物。

2019年7月，经中国出口信用保险公司海外追偿渠道调查，买方已停业，且相关负责人逃避追讨。出口商千辛万苦寻得荷兰新买方C，约定以40万美元的价格转卖货物，支付条件为付款赎单，相关港口费用及转卖运费由出口商承担。为了尽快实现货物转卖，出口商联合中国出口信用保险公司海外追偿渠道与货代、海关多次协调，综合利用各种手段，获得了逃避债务买方出具的同意退货声明。出口商支付港口费用11万美元，并逐步操办货物转卖手续。

正当大家等待货物转卖完毕时，货物突然被银行申请扣押进行财产保全，此时仅转卖成功两票货物，转卖收入13万美元。出口商和中国出口信用保险公司海外追偿渠道多次与银行、海关、货代协商剩余3票货物所有权事宜，未果。最终，不考虑保险补偿的情况下，出口商损失54万美元。

试分析出口商A在本业务中存在哪些问题？应汲取哪些教训？

2. 2019年3月，安徽优宣进出口有限公司以FOB条件向英国UIP COMPANY出口一批红茶，合同要求先电汇支付总价15%的定金，余款用即期议付信用证支付。信用证规定：商业发票一式三份；全套清洁已装船提单注明"运费到付"，做成开证行指示抬头；汇票的受票人为汇丰银行伦敦分行，付款期限为AT SIGHT。安徽优宣进出口有限公司按信用证规定如期装运，并在交单期内向议付行交单议付，议付行随即向开证行寄单索偿。开证行收到单据后，来电表示拒绝付款，其理由是单证存在下列不符点：（1）商业发票的金额超过信用证金额；（2）全套提单由一份正本组成，不符合全套要求。次日，开证行又补充了一个不符点：汇票的金额超过信用证金额。

试分析开证行的拒付理由是否成立，并说明理由。

第三章 合同条款风险及其防范

【学习目标】

【能力目标】

- 能够分析信用证、托收、汇款等支付条款风险并提出防范措施

- 能够分析品质和包装条款风险并提出防范措施

- 能够分析运输和保险条款风险并提出防范措施

【知识目标】

- 掌握信用证、托收、汇款等支付条款常见的情形和风险

- 熟悉品质和包装条款常见的情形和风险

- 熟悉运输和保险条款常见的情形和风险

【素养目标】

- 具备较强的契约精神

- 具有一定的风险防范意识

思维导图 <<<<<<<<<< 维导图 <<<<<<<<<<<<<<<<<<<<<<<<<<<<<<<<<<<<<<

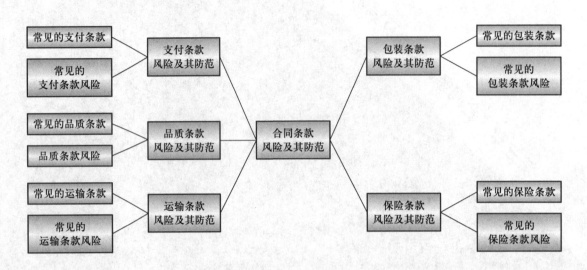

第一节 支付条款风险及其防范

案 例导入

2020年2月18日，南京玲珑进出口有限公司（简称"玲珑公司"）与印度的ATK Fashion Trade Co., Ltd.（简称"ATK公司"）签订总金额30万美元的男式衬衫出口合同，数量为2万件，单价为15.00美元/件，贸易术语为CIF Bombay, India as per INCOTERMS® 2020。合同支付条款规定："The Buyer shall pay 10% of the contract amount to the Seller by T/T within 15 days after the contract date, pay the balance by T/T against the copy of B/L." 同时，合同规定提单收货人为ATK公司。

2020年2月28日，玲珑公司收到ATK公司电汇的预付款3万美元。

2020年3月27日，玲珑公司根据合同要求如期发货，航期15天。

2020年4月3日，玲珑公司收到正本提单后，把提单副本发电邮给ATK公司，通知其付款。

2020年4月18日，ATK公司以资金困难又无法得到银行贷款为由，请求余款采用交单后60天延期付款信用证支付，玲珑公司同意其请求。玲珑公司多次催促仍未收到信用证。

2020年5月13日，印度海关以货物滞港超过30天为由将货物以货值的

40%拍卖。

ATK公司以货物被拍卖为由，拒绝支付余款。货物拍卖款扣除滞报金和滞港费用后返还玲珑公司。因该笔业务没有顺利收汇，导致无法出口退税（衬衫的出口退税率为16%），玲珑公司该笔业务亏损15万美元以上。

问：（1）分析玲珑公司的合同支付条款和业务操作存在的问题。

（2）从上述案例中，玲珑公司应汲取哪些教训？

案 例分析

玲珑公司由于合同支付条款拟订不合理以及遇险后处理不当，在该笔业务中亏损了15万美元以上。案例具体分析如下：

1. 玲珑公司的合同支付条款分析

在该笔业务中，玲珑公司拟订的合同支付条款为："10%的货款在签订合同后15天内电汇支付，余款凭提单副本电汇支付"，同时规定提单收货人为ATK公司，即采用"装运前T/T+凭提单副本T/T"的混合T/T支付方式。该合同支付条款存在以下两个问题：

（1）装运前T/T金额或预付款的比例较低，只有10%，进口商弃货成本较低，容易导致进口商违约。

（2）余款凭提单副本电汇支付，提单收货人为ATK公司。该提单为记名提单，不能背书转让，只有ATK公司才能提货。未经ATK公司同意，玲珑公司不能退货，风险较大。

2. 玲珑公司的业务操作分析

在该笔业务中，玲珑公司的业务操作存在以下几个问题：

（1）玲珑公司没有事先调查进口国印度的海关政策。印度海关规定："货物到港后，可在海关仓库存放30天。满30天后，海关将向进口商发出提货通知。如进口商因某种原因不能按时提货，可根据需要向海关提出延长申请。如印度买家不做延长申请，出口商的货物在海关存放30天后会被拍卖。"

（2）玲珑公司遭遇到收款风险后处置不当。玲珑公司把提单副本发电邮给ATK公司催款半个月无果后，该笔业务已经暴露收款风险。但是玲珑公司仍没有意识到风险并采取风险应对措施，还相信ATK公司资金困难且无法得到银行贷款的拖欠货款理由，同意余款采用交单后60天延期付款的信用证支付，导致最后货物被印度海关低价拍卖。

（3）玲珑公司没有投保出口信用保险。在该笔业务中，玲珑公司风险防范意识差，没有对凭提单副本电汇支付的24万美元投保出口信用保险。

同时，应吸取教训，做好电汇支付条款风险防范工作，具体启示如下：

（1）尽量提高装运前T/T金额或预付款的比例，提高进口商弃货成本，降低进口商违约风险。在实际业务中，装运前T/T金额或预付款的比例一般控制在30%~50%。

（2）合同采用凭提单副本T/T支付条款时，提单最好规定收货人为to order和空白背书，有效控制货物所有权。若进口商拒绝付款，可以通过提单背书转让，把货物转卖或委托货代办理退货手续，规避货物被进口国海关低价拍卖的风险，降低货物损失。

（3）提高风险防范意识，做好风险防范措施。交易前，应做好进口商信用调查工作；交易时，若采用除前T/T支付方式以外的电汇支付条款，即凭提单副本T/T和后T/T支付条款时，应投保出口信用保险，以防范出口信用风险；由于上述案例出口金额为30万美元，金额较大的货物应采取分批转运和分期支款方式，分散收款风险。

（4）出口遇险时，应积极应对。上述案例中，当玲珑公司把提单副本发电邮给ATK公司催款半个月无果后，应向船公司申请把提单收货人改为to order，以控制货物所有权；当印度海关拍卖时，应设法委托印度当地公司参与拍卖，防止进口商低价拍卖，降低风险损失；即使货物已经被海关低价拍卖，玲珑公司应依据出口合同和业务往来函电，启动仲裁或法律途径向ATK公司索赔。

一、常见的支付条款

（一）汇款支付方式的常见合同条款

（1）装运前T/T：The Buyer shall pay 100% of the sales proceeds to the Seller by T/T not later than Aug. 15，2020.

（2）装运后见提单副本T/T：The Buyer shall pay 100% of the sales proceeds to the Seller by T/T against the copy of B/L.

（3）装运前T/T＋装运后见提单副本T/T：The Buyer shall pay 20% of the sales proceeds to the Seller by T/T before Sep. 1，2020，pay the balance by T/T against the copy of B/L.

（4）后T/T：The Buyer shall pay 100% of the sales proceeds to the Seller by T/T within 30 days after the arrival of the goods.

（二）托收支付方式的常见合同条款

（1）即期D/P：Upon first presentation，the Buyer shall pay against documentary drafts drawn by the Seller at sight. The shipping documents are to be delivered against payment only.

（2）远期 D/P：The Buyer shall duly accept the documentary draft drawn by the Seller at 90 days after sight upon first presentation and make due payment on its maturity. The shipping documents are to be delivered against payment only.

（3）D/A：The Buyer shall duly accept the documentary draft drawn by the Seller at 30 days after sight upon first presentation and make due payment on its maturity. The shipping documents are to be delivered against acceptance.

（三）信用证支付方式的常见合同条款

（1）议付 L/C：The Buyer shall establish irrevocable Letter of Credit at sight，reaching the Seller not later than Oct.30，2020 and remaining valid for negotiation in China for further 21 days after the effected shipment.

（2）即期付款 L/C：The Buyer shall establish irrevocable Letter of Credit by sight payment，reaching the Seller not later than Nov.15，2020.

（3）延期付款 L/C：The Buyer shall establish irrevocable Letter of Credit by deferred payment at 60 days after B/L date，reaching the Seller not later than Dec.30，2020.

（4）承兑 L/C：The Buyer shall establish irrevocable Letter of Credit by acceptance at 30 days after sight，reaching the Seller not later than Jul.31，2020.

（四）混合支付方式的常见合同条款

The Buyer shall pay 30% of the sales proceeds to the Seller by T/T within 15 days after the contract date，pay the balance by sight L/C which should be opened before May 20，2020.

二、常见的支付条款风险

（一）常见的汇款支付条款风险

T/T 是最常用的汇款方式，出口商的收款完全取决于进口商的商业信用。其中，装运前 T/T 几乎没有风险，凭提单副本 T/T 风险较小，后 T/T 风险最大，常见的风险如下：

（1）凭提单副本 T/T 支付方式下，进口商收到提单副本后，给出口商发伪造的银行电汇回单或者电汇后退汇，出口商在未收到银行入账通知就把正本提单寄给进口商。

（2）进口商放长线钓大鱼，从小订单入手，正常付款，赢得信任，其后突然增加订单量，却以资金短缺、交货时间紧为借口，要求货到付款，货到后杳无音信。

微课：T/T 收汇风险分析

（3）后T/T支付方式下，货物到港后，进口商以质量问题、规格不符等为由，拖欠或者拒付货款，以此来压价，甚至要求先销售后付款。

（4）进口商利用本国海关的规定（例如，退货或者转卖需征得进口商同意），有意拖延造成货物长期滞港，以货物为砝码要求降价；甚至海关拍卖货物时，以低价拍走货物。

（5）进口商与运输公司、货代勾结或者利用其管理松懈的弱点，无单放货。

（二）常见的托收支付条款风险

微课：托收
结算风险

托收包括即期D/P、远期D/P和D/A，出口商的收款完全取决于进口商的商业信用。其中，即期D/P风险较小，远期D/P和D/A风险最大，常见的风险如下。

（1）市场行情变化，进口商不愿付款赎单，出口商面临降价转卖或退运等风险。

（2）进口商经营不善，无力付款赎单，出口商面临降价转卖或退运等风险。

（3）因进口许可证、外汇管制、国家政策等原因，进口商拒付货款，出口商面临转运或退运等风险。

（4）在即期D/P支付方式下，采用空运或铁路运输，出口商实际无法控制货物所有权，导致货款两空。

（5）在远期D/P和D/A支付方式下，进口商到期不付款，出口商货款两空。

（三）常见的信用证支付条款风险

在信用证支付方式下，出口商能否收汇取决于开证行的银行信用和能否做到相符交单，常见的风险如下：

（1）开证行的资信和付款能力不佳、破产或丧失偿付能力。

（2）出口商因不符交单，失去银行信用的保护，银行信用转变为商业信用，可能导致收不到货款。

（3）可转让信用证支付方式下，第二受益人的权利受限带来的收汇风险，即受让于第一受益人，一旦第一受益人保留任何权利，则第二受益人的权利便受到限制；待人受过的风险，即第一受益人业务操作的失误导致开证行拒付货款，第二受益人成为最终的损失承担者；钱货两空的危险增加，即第一受益人与开证申请人联手，通过单据的操作，提出降价要求，甚至骗取货物。

微课：信用
证风险之软
条款风险

（4）软条款风险，也称"陷阱"条款，指进口商在向银行申请开证时，加上各种限制性条款，目的是掌握货款支付的主动权，即使卖方已经履行信用证项下的义务，仍然不能保证获得货款，银行信用转化为商业信用，能否收回货款完全视买方的信誉而定。常见的"软条款"如信用证开出后暂不生效，待进口许可证签发后通知生效，或货样经申请人确认后生效；1/3 正本提单径直寄往开证申请人等。

第二节　品质条款风险及其防范

2020年5月9日，浙江巨树公司与德国阳光家居公司签订了一份30万欧元的密度板出口合同，甲醛释放量按照进口国标准，要求在2020年7月31日前装运，采用D/P AT SIGHT支付方式。2020年7月15日，货物生产好后顺利发货。

2020年8月客户收到货物后，提出产品甲醛检测不达标，要求退货。但是发货前，浙江巨树公司外贸业务员郑哲已经意识到甲醛的检测问题，而且亲自到工厂对产品进行了抽查，也查看了工厂提供的全检报告，该批密度板完全符合国家标准。与客户联系后，郑哲才意识到，由于事先与客户在甲醛释放量的标准上未进行沟通，误认为我们国家的标准与客户所在国的标准一致。客户在检测的时候，完全按照进口国规定的甲醛释放量来检测，导致检测结果评价差异很大。由于德国实行严格的甲醛释放量检测制度，郑哲只能接受客户的退货要求，最后产生了10万多美元的损失。

问：（1）分析浙江巨树公司的合同品质条款和业务操作存在的问题。

（2）从上述案例中，浙江巨树公司应汲取哪些教训？

浙江巨树公司外贸业务员郑哲由于合同品质条款拟订不合理，在该笔业务中亏损了10万多美元。案例具体分析如下。

1. 浙江巨树公司的合同品质条款分析

在该笔业务中，浙江巨树公司拟订的合同支付条款为甲醛释放量按照进口国标准，不是很直接明了，应该写出具体的排放量。

2. 浙江巨树公司的业务操作分析

在该笔业务中，浙江巨树公司外贸业务员郑哲没有事先调查进口国德国的甲醛释放量标准，想当然地以为我们国家的标准与客户所在国的标准一致。

通过浙江巨树公司的业务案例，应汲取以下教训：

（1）要高度重视产品质量条款的拟订，质量要求应明确具体；若质量要求参照某个质量标准，则必须了解这个质量标准，确保国内供应商的产品能达到所要求的产品质量标准，若达不到，就不能接这笔业务。

（2）外贸业务员千万不能想当然、凭感觉做事情，遇到质量不明确的事情，一定要在洽谈阶段与客户沟通清楚，才能拟订合同的质量条款，否则很容易给公司带来损失风险。

一、常见的品质条款

商品的品质（Quality of Goods），是商品的内在品质和外观形态的综合。商品的内在品质是指商品的物理性能、机械性能、生物特征及化学成分等自然属性；商品的外观形态是指商品的外观、色泽、款式等。

制订合理、科学的品质条款是确保交易得以顺利进行的根本所在。外贸合同的品质条款主要以商品品质表示方法为基础，部分商品根据产品特性可能会增加品质公差及品质机动幅度条款。

（一）商品品质的表示方法

商品品质有以下两类表示方法：

1. 实物样品表示法

实物样品表示法即以交易商品的实际品质表示或以代表商品品质的样品来表示商品品质的方法，具体包括看货买卖与看样买卖两种。

（1）看货买卖。看货买卖是根据交易商品的实际品质进行交易。通常由买方或其代理人在商品所在地验看货物，达成交易后，卖方以验看过的商品交付。只要卖方交付的是验的商品，买方就不得对商品品质提出异议。适用看货买卖的商品一般具有两个条件：数量稀少且价值昂贵，如古董、名贵字画、珠宝首饰及特定的工艺品等。

（2）看样买卖。看样买卖，也叫凭样品买卖，是以样品品质作为买卖双方交付货物的品质依据的方法。根据样品提供者不同，凭样品买卖可以分为以下三种：

① 凭卖方样品买卖（Sale by Seller's Sample）。以卖方提供的样品作为双方货物交付的品质依据，卖方所交货物品质必须与样品一致。

② 凭买方样品买卖（Sale by buyer's sample）。以买方提供的样品品质作为货物交付的品质依据，卖方所交货物品质必须与买方样品一致。为减少贸

易纠纷，一般应在合同中明确规定，若发生由买方来样引起的工业产权第三者权益问题时，与卖方无关，由买方负责。

③ 凭对等样品买卖（Sale by Counter Sample）。买方提供样品，卖方为稳妥起见，根据买方来样仿制或从现有货物中选择品质相近的样品提供给买方，供买方确认。

凭样品买卖，需要在制订商品品质条款时注意列明样品提交的日期、样品的编号，不能笼统地讲"商品品质以样品品质为依据"。

例：长毛绒玩具，质量以卖方2020年2月8日提供的第200208号样品为准。Plush toys，quality as per Seller's sample No.200208 submitted on Feb. 8th，2020.

2. 文字说明表示法

文字说明表示法是指用文字、图表、照片等方式来说明成交商品的品质。具体包括：

（1）凭规格买卖（Sale by specifications）。商品的规格是指能够反映商品品质的某些主要指标，如商品的主要成分、纯度、含量、强度、尺寸等。

（2）凭等级买卖（Sale by grade）。商品的等级是指同一类商品按其规格差异，将商品品质分为若干等级。为了履行合同和避免争议，在品质条款列明等级的同时，规定每一等级的具体规格。

（3）凭标准买卖（Sale by standard）。标准是指统一了的商品规格和等级，一般是由国家机关或有关部门规定并公布实施。对于已经存在被普遍接受的品质标准的商品，采用标准表示法约定商品品质较为科学、简便，不需要另外规定商品规格。

凭标准买卖，要求商品品质相对稳定。对于某些品质变化较大而难以规定统一标准的农副产品，往往采用"良好平均品质"（Fair Average Quality，F.A.Q）这一术语来表示其品质。F.A.Q一般以我国产区当年生产该项农副产品的平均品质为依据，使用F.A.Q表示农副产品品质时，要注意注明年份和产地。

（4）凭品牌（Sale by brand）或商标（Sale by trade mark）买卖。凭品牌或商标买卖是指对某些品质比较稳定并且在市场上已树立良好信誉的商品，买卖双方在交易洽商和签订合同时，可采用这些商品的商标或牌名来表示品质。

（5）凭产地名称买卖（Sale by name of origin）。部分农副产品因其生产地区的自然条件或传统加工工艺在产品品质上独具特色，使得产地在某种程度上已经成为产品品质的一种保证，在这种情况下，买卖双方签订合同时就以商品的产地名称成交，称为凭产地名称买卖。如我国的三门青蟹、烟台苹果、绍兴花雕酒、东北大米等。

（6）凭说明书买卖（Sale by 'description and illustration）。这种方法适用于结构、用材、性能等较复杂的机械、电子、仪器、大型设备等产品。凭说明书买卖，卖方所交付的货物，品质必须与说明书上表明的品质相符合。但是，由于这类商品技术含量高，所以，在合同中除了列入说明书的具体内容外，往往还要增加品质保证条款和技术服务条款。根据给定的条款，卖方保证所出售的货物在一定期限内符合说明书的品质要求，否则买方有权提出索赔。

（二）品质公差条款

品质公差主要适用于工业制成品，是指受制于科学技术水平，使得某些工业品的品质存在着行业公认的误差，如机器加工的零件尺寸、钟表的走时，实际都存在一定误差，这一误差即品质公差。只要卖方所交货物的品质差异在品质公差范围内，就被认为达到了合同中的品质要求。如果卖方交付货物的品质在品质公差范围之内，货物价格一般按合同计算，不再另做调整。

（三）品质机动幅度条款

品质机动幅度主要适用于初级产品，是指卖方所交商品品质指标可以在一定幅度内波动。品质机动幅度的规定方法有三种：规定范围、规定极限、规定上下差异等。

（1）规定范围，如鸡蛋，一级，50~55 g/枚。

（2）规定极限，如中国芝麻，水分（最高）8%，杂质（最高）2%，含油量（最低）52%。

（3）规定上下差异，如烟台苹果一级果；平均克重400 g，上下波动5 g；果径80 mm，上下波动2%。

微课：品质
条款风险

二、品质条款风险

（一）品质条款风险的含义

品质条款风险是指实际提供的产品质量与之前跟客户确认的产品要求或者与样品不一致，从而可能导致客户取消订单、退货或者索赔的风险。出口业务中较常遇见这种风险，如处理不好，会带来较大的损失。

（二）品质条款风险防范措施

（1）确认订单前，须把国外客户要求的规格、技术标准等要求了解清楚，特别是一些不常用的指标。与此同时，要向供货商交代清楚国外客户要求的规格、技术标准。

（2）注意国内合同与国外合同的一致性，如事后发现有做不到的，必须及时沟通解决，不要想当然和存侥幸心理。

（3）如果是通过样品成交确认，须保留好客户确认的样品以及客户书面确认的文件，验货时凭样品检验。

第三节 运输条款风险及其防范

案例导入

2020年8月22日，浙江融达进出口有限公司（简称"融达公司"）与马来西亚的ZIN Fashion Trade Co., Ltd.（简称"ZIN公司"）签订了总金额为24万美元的毛绒玩具出口合同，数量为2万打，单价为12.00美元/打，贸易术语为FOB Ningbo, China as per INCOTERMS® 2020，支付方式为即期付款信用证。鉴于工厂毛绒玩具的月生产能力为11 000打，融达公司外贸业务员余雪拟订的合同运输条款为："Shipping Period: 10 000 dozens shipped within 30 days after the receipt of the L/C; 10 000 dozens shipped within 31—60 days after the receipt of the L/C."

2020年8月31日，融达公司收到ZIN公司通过其开证行开来的信用证。

由于2020年9月中旬工厂接了别的公司毛绒玩具订单，因此9月只为融达公司生产了8 000打毛绒玩具；2020年9月30日，融达公司将8 000打毛绒玩具装运发给ZIN公司，计划10月装运12 000打毛绒玩具。10月，融达公司交单后遭开证行拒付，ZIN公司因当地毛绒玩具市场行情下滑不愿赎单，最后导致融达公司损失10多万美元。

问：（1）分析融达公司的合同运输条款和业务操作存在的问题。

（2）从上述案例中，融达公司应汲取哪些教训？

案例分析

融达公司由于合同运输条款拟订不合理以及合同执行处理不当，在该笔业务中亏损了10多万美元。案例具体分析如下。

1. 融达公司的合同运输条款分析

在该笔业务中，融达公司拟订的合同运输条款为："收到信用证后30天内装运10 000打；收到信用证后31~60天内装运10 000打"，即分期装运，分两期装运。该合同运输条款存在的问题是没有科学拟订合理的装运时间。因为工厂毛绒玩具的月生产能力为11 000打，即工厂产能全部给融达公司，生产10 000打也需要27天，只留3天用来安排货物运输到码头，办理报关，显然时间安排太仓促了，如果哪个环节出点问题（如没有预想的船期、生产设备出故障、停电，再如本案例中被插单的情形），就会超过装运期。

2. 融达公司的业务操作分析

在该笔业务中，融达公司的业务操作存在以下问题：

（1）融达公司在工厂生产过程中，没有做好跟单工作，致使工厂插单后没有应急措施，导致不能如期完成10 000打毛绒玩具的生产计划。

（2）融达公司知道无法如期完成10 000打毛绒玩具的生产计划后处置不当，误以为第一期未完成的2 000打，可以在第二期交付。根据UCP600对信用证的规定，在指定的不同期限内分期装运，如其中任何一期未按信用证所规定的期限装运，则信用证对该期及以后各期均视为无效。

同时应吸取教训，做好电汇运输条款风险防范工作，具体启示如下：

（1）要根据工厂备料、制模、生产、报关等所需要的时间，拟订科学合理的装运期，并且要留一点弹性时间，以应对工厂被插单、停电或机器故障、订不到预想船期等特殊情形，一般情况下，争取要留10~15天的弹性时间。

（2）外贸公司要做好生产前、生产中和生产后的跟单工作，以保证生产进度。即使过程中出现问题，也可以及时采取应对措施。

（3）当发现无法如期交货时，应马上与进口商商量展期，并修改合同条款，同时，让进口商向开证行提出改证申请，修改装运条款以及信用证截止日期，以保证实现相符交单。

一、常见的运输条款

运输条款主要包括运输方式、装运时间、地点、目的港、是否允许分批与转船、装运通知等内容。

（一）运输方式和装运时间

运输方式包括海洋运输、航空运输、铁路运输、公路运输、管道运输等。装运时间又称装运期（Time of shipment），是卖方将货物装上运输工具或交付承运人的期限。常见的装运时间规定方法如下：

1. 规定在某月或跨月装运，即装运时间仅限于某一段确定时间

例如：shipment during March 2020（2020年3月装运），即卖方可在2020年3月1日至3月31日的任何时间装运出口。

Shipment during April /May 2020（2020年4/5月份装），即卖方可在2020年

4月1日至5月31日的任何时间装运出口。

2. 规定在某月月底或某月某日前装运，即在合同中规定一个最迟装运日期，在该日期前装运有效

例如：Shipment at or before the end of August 2020（在2020年8月底或以前装运），即卖方最迟不能晚于2020年8月31日装运。

Shipment not later than June 15th，2020。（不迟于2020年6月15日装运）

3. 规定在收到信用证或汇款后一定期限内装运

在对买方资信了解不够或防止买方可能因某些原因不按时履行合同的情况下，可采用此种方法规定装运时间，以保障卖方利益。

例如：Shipment within 30 days after receipt of L/C（收到信用证30天内装运）

Shipment will be effected within 30 days after receipt of your 30% deposite of the total amount by T/T.（收到你方30%电汇货款后30天内装运）。

另外，为了防止买方拖延或拒绝开证而造成卖方不能及时安排生产及装运进程的被动局面，合同中一般还同时订立一个限制性条款，即规定信用证的开立或送达期限。

例如：The buyers must open the relative L/C to reach the sellers not later than August 18th，2020。买方必须不迟于2020年8月18日将信用证开立并送达卖方。

（二）装运港和目的港

装运港（port of shipment）是指货物起始装运的港口；目的港（port of destination）是指最终卸货的港口。

1. 装运港的规定方法

装运港一般由卖方提出，买方同意后确定。一般情况下，规定一个装运港，例如，在大连港装运（shipment from Dalian）；如数量较大或来源分散，集中一点装运有困难，可规定两个或两个以上装运港；有时货源不十分固定，可以不规定具体港口。例如，在中国港口装运（shipment from Chinese port）。

2. 目的港的规定方法

目的港一般由买方提出，卖方同意后确定。通常规定一个目的港；有时明确目的港有困难，买方可规定两个或两个以上的目的港；个别也有作笼统规定的，如目的港：伦敦/利物浦/曼彻斯特（Port of destination：London/Liverpool/ Manchester.）或目的港：欧洲主要港口（European Main Ports）。

（三）分批装运和转船运输

1. 分批装运

分批装运（Partial shipment）是指一笔成交的货物，分若干批次在不同航

次、车次、班次装运。分批装运的规定方法：

（1）只注明允许分批装运，但不做具体规定。例如：Partial shipment is allowed.

（2）规定时间和数量的分批。例如：shipment during July/August/ September 1 000 tons monthly.（7、8、9月每月装1 000吨）。

（3）不允许分批装运。例如：Partial shipment is not allowed.

2. 转船运输

转船运输的出现一般有两种原因：第一种情况是买卖合同签订之初，买卖双方就明确知道装运港与卸货港之间无直达航次，所以，双方约定转船运输允许；第二种情况是装运港与目的港之间尽管存在直达航线，但由于船公司舱位情况在签订合同时无法预料，所以，买卖双方约定允许转船运输，以避免出现禁止转船运输引发货物延迟交付等问题。

转船运输的规定方法包括：

（1）只注明允许转船运输，但不做具体规定。

例如：Shipment during Oct./Nov./Dec. 2020，with partial shipment and transshipment allowed. 2020年10/11/12月份装运，允许分批装运和转运。

（2）注明允许转船运输，并规定具体转运地点。

例如：2020年2/3月份每月两次平均装运，由新加坡转运。

During Feb./Mar.，2020 in two equal monthly shipments，to be transshipped at Singapore.

（四）装运通知

装运通知（Shipping advice）规定方法分为两种情况：

（1）在FOB术语下，由买方在租船订舱完成后向卖方发出通知，将船名、航次、预计抵港时间告知卖方，以便卖方做好装船准备。

（2）在CFR或CPT术语下，由卖方在货物装船后向买方发出通知，将已装船的货物情况、船名、航次、装船日期等电告买方，以便买方做好报关接货的准备。在其他贸易术语下，装运通知一般也会出现，这是买卖双方做好船货衔接的重要环节，但比起CFR与CPT来讲，强制性有所减轻，因为在这两个贸易术语下，装运通知发出得及时与否，还关系到买方为货物投保的时机把握。

例如，3月装运，由伦敦至上海。卖方应在装运月份前30天将备妥货物可供装船的时间电告买方。允许分批和转船。

Shipment during March from London to Shanghai. The Seller shall advise the Buyer by cable 30 days before the month of shipment of the time the goods will be ready for shipment. Partial shipment and transshipment allowed.

买卖双方在讨论装运通知相关内容时，对于装船通知的发出者、发出时间、发出方式、通知内容均应该进行磋商。

二、常见的运输条款风险

（一）运输方式和装运时间条款风险

1. 含义

运输方式条款风险是指不同的运输方式的配套操作不合理，从而导致产生货物被骗或灭失的风险。装运时间条款风险是指由于装运时间长短不合理或用词不确定，从而可能导致无法如期装运、资金积压或者产生纠纷的风险。

2. 防范措施

（1）充分考虑不同运输方式的实际情况，合理进行配套业务操作。如航空运输和铁路运输对应的运输单据都是非物权凭证，作为发货人是无法控制货物所有权的，因此需要在收到预付款后发货，或者在进口方信用非常好的情形下需投保出口信用保险。

（2）充分考虑货源与船源的实际情况，合理确定装运日期。出口商在签订进出口合同时，必须对合同标的物的市场行情有较准确的把握，根据掌握的货源情况及到不同目的国的船源情况合理确定装运日期，避免造成有货无船，或有船无货的被动局面。与此同时，装运期限应该适度，过长或过短均会对交易造成不利影响。装运期过短，船货安排将缺乏弹性，给货物出运造成不便；装运期过长，对卖方来讲虽无明显不利，但通常买方因长期积压资金而不愿意接受过长的装运期，这样势必造成交易受阻。

（3）规定装运日期明确、具体、有弹性。装运日期的措辞要明确、具体，是指不宜采用笼统的装运日期规定方法，如"立即装运"（immediate shipment）、"迅速装运"（prompt shipment）、"尽快装运"（shipment as soon as possible）等。这些术语在国际上并无统一解释，因而为了避免误解引起纠纷，除了买卖双方有一致理解外，应尽量避免使用。

（二）装运港和目的港条款风险

1. 含义

这种风险是指因装运港和目的港条款拟订得不合理，有可能导致增加费用，甚至出现无法装运或卸货风险。

2. 防范措施

（1）装运港选择要接近货源，方便装运。

（2）装运港选择要考虑装运港的港口情况、装卸设备等客观因素。

（3）签订买卖合同时，若不确定货源情况，建议选择多个装运港，或以

微课：运输风险

"中国主要港口"为装运港。

（4）目的港必须是船舶可以安全停泊的港口（非疫、非战争地区），争取选择装卸条件良好、班轮经常挂靠的基本港口。若货物运往无直达班轮或航次较少的港口，合同中应规定"允许转船"条款。

（5）妥善处理"选卸港"问题。买方要求多个港口作为目的港，即"选卸港"时，出口商要注意，出口商应将"选卸港"争取控制在三个以内，而且是处于同一航线上，班轮公司的挂靠港口；出口商应在买卖合同中明确规定买方最后"选港"的日期；出口商应在买卖合同中明确规定因选卸港而增加的运费、附加费等均应由买方承担；出口商在价格核算时，应以选卸港中最高的费率和附加费计算运费。

（6）注意所规定的目的港（地）有无重名问题。如维多利亚（Victoria）全世界有12个。因而，在这种情况下，应在合同中明确标明目的港（地）所在的国家，以免发生差错。

（三）分批装运和转船运输条款风险

1. 含义

该风险是指由于出口方对UCP600关于分批装运和转船运输的特殊情形规定不了解，有可能产生不必要的费用损失风险。

2. 防范措施

出口方磋商装运条款时，关于分批装运与转船运输的操作应该注意UCP600的相关规定。

根据UCP600的规定，如果信用证中没有规定货物运输是否可以分批装运与转运，应理解为允许。如果运输单据上表面注明货物系使用同一运输工具并经同一路线运输的，即使每套运输单据注明的装运日期不同及/或装货港、接受监管地、发运地不同，只要运输单据注明的目的地相同，也不视为分批装运；信用证规定在指定的不同期限内分期支款及/或分期装运，如其中任何一期未按信用证所规定的期限支款及/或装运，则信用证对该期及以后各期均视为无效。这一项规定对出口商来讲是非常重要的。

（四）装运通知条款风险

1. 含义

该风险是指由于没有清晰规定装运通知条款，有可能产生没有如期通知产生的损失风险。

2. 防范措施

（1）装运通知条款内容尽可能齐全，包括装运通知的发出者、发出时间、通知内容等。

（2）部分信用证条款要求结汇的单据中会涉及装运通知的复印件，并列明装运通知的内容。在这种情况下，卖方发出的装运通知应该与信用证要求相符。

第四节　包装条款风险及其防范

 案例导入

　　杭州A工具生产企业与一家伊朗外商签订了一批手提式电钻和手提式角磨出口合同，共计6 610台，伊朗外商要求在手提式电钻上标注"BOSCH"标识，在手提式电钻角磨上标注"BOSCH"标识，并提供了货物外包装和标签的图样。该企业接到订单后完全按照客户的要求生产货物，用客户提供的外包装和标签在自己工厂进行包装，结果在申报出口时被上海海关查获。"BOSCH（图形）"和"BOSCH"商标权利人——德国罗伯特博世有限公司确认该批货物侵权。杭州A工具生产企业的货物全部被没收并且支付了5万元的罚款，累计损失约20万元。

　　问：（1）分析杭州A工具生产企业的合同包装条款和业务操作存在的问题。

　　（2）从上述案例中，杭州A工具生产企业应汲取哪些教训。

案例分析

　　杭州A工具生产企业由于合同包装条款拟订不合理以及业务处理不当，在该笔业务中亏损了约20万元。具体分析如下：

　　1. 杭州A工具生产企业的合同包装条款分析

　　在该笔业务中，杭州A工具生产企业拟订合同包装条款时，缺乏知识产权保护意识，没有要求伊朗客户提供"BOSCH"品牌生产授权书。

　　2. 杭州A工具生产企业的业务操作分析

　　杭州A工具生产企业在接到国外客户委托生产并使用指定商标出口的订单后，没有事先登录知识产权海关备案系统查询相关商标的海关备案情况，或者进行专利检索进一步确认知识产权相关情况。在没有确保货物未侵犯知识产权后就贸然安排生产。

　　从杭州A工具生产企业案例可以汲取以下教训：

1. 加强知识产权检索与预警

外贸生产企业可以在接到国外客户委托生产并使用指定商标出口的订单后，可登录知识产权海关备案系统查询相关商标的海关备案情况，也可以进行专利检索，进一步确认知识产权相关情况，确保货物没有侵犯知识产权后才可生产。

2. 加强合同缔结管理

尽管合同实质性条款的制定取决于缔约双方的实力对比，但进出口企业在议价能力范围内还是应该尽量从知识产权归属审查、风险承担、赔偿、争议解决、法律适用等方面争取对自己有利的条款，切不可随意使用国外客户的格式版本。外贸公司与生产厂家或供应商在合同中应签订知识产权侵权免责条款，规定由生产厂家或供应商承担知识产权责任，这样在发生纠纷后可以向生产厂家或供应商追偿。

3. 海关备案

我国90%的进出口环节知识产权侵权由海关发现，因此进出口企业在保护自身权利的措施上应充分重视海关的作用，提前做好海关知识产权备案登记，积极向海关提供侵权线索，适时提出诉讼。与此同时，在接到针对企业自身的侵权投诉或通知后，迅速做出反应，与海关取得充分沟通并及时提供担保，力争将损失降至最低，避免国外客户的高额违约索赔。

4. 对国外买家进行资信调查，检查对方是否有过侵权劣迹

在侵权行为发生之后，国内外贸加工企业往往才发现国外委托方其实可能只是一个"皮包公司"，当权利人向侵权行为人主张权利的时候，作为侵权行为人之一的国外委托方突然销声匿迹了，那么权利人会向国内外贸加工企业主张所有权利，国内企业为此也吃尽了苦头。

5. 起诉应诉快速反应机制

大型的进出口企业往往具有丰富的产品和服务类目，因此避免不了知识产权诉讼。在面对诉讼或侵权警告时，切勿掉以轻心，亦不可过于保守，应该冷静分析、沉着应对，在专业人士的辅助下制定积极的应诉策略，必要时发动反击，主动起诉或提起确认不侵权之诉，争取胜诉或者和解的有利结果，同时通过案件宣传企业，警示潜在的侵权人。

一、常见的包装条款

商品包装条款一般包括包装材料、包装方式、包装商品的数量或重量组成三部分。

（一）包装材料

商品包装材料种类见表3-1。

表3-1　商品包装材料种类

大类	细类	英文名称	大类	细类	英文名称
箱	纸箱	Carton	盒	木盒	Wooden Box
	瓦楞纸箱	Corrugated Carton		铁盒	Iron Box
	旧瓦楞纸箱	Old Corrugated Carton（O.C.C.）		塑料透明盒	Plastic Transparency Box
	木箱	Wooden Case		苯乙烯盒	Styrol Box
	板条箱	Crate	袋	布袋	Cloth Bag
	木条箱	Wooden Crate		草袋	Straw Bag
	竹条箱	Bamboo Crate		麻袋	Gunny Bag/Jute Bag
	胶合板箱	Plywood Case		旧麻袋	Used Gunny Bag/Old Gunny Bag
桶	木桶	Wooden Cask		新麻袋	New Gunny Bag
	大木桶	Hogshead		尼龙袋	Nylon Bag
	小木桶	Keg		聚丙烯袋	Polypropylene Bag
	琵琶桶	Barrel		聚乙烯袋	Polythene Bag
	塑料桶	Plastic Drum		塑料袋	Poly Bag
	胶木桶	Bakelite Drum		塑料编织袋	Polywoven Bag
	铁桶	Iron Drum		玻璃纤维袋	Glass Fibre Bag
	铝桶	Aluminum Drum		防潮纸袋	Moisture Proof Pager Bag
	镀锌铁桶	Galvanized Iron Drum		乳胶袋	Emulsion Bag

（二）包装方式

包装方式按照商品特性的不同而不同，选择包装方式需要同时考虑包装费用与包装作用双重因素，以最经济的方式达到对商品的最大保护。例如：

每件外套一个塑料袋 Each Piece Wrapped in a Poly Bag

机器榨包以铁皮捆扎 Press Packed in Iron Hooped Bale

内衬防潮纸、牛皮纸 Lined with Moist Proof Paper &Kraft Paper

（三）包装商品的数量或重量组成

包装商品的数量或重量组成一般依据买卖双方的约定包装磋商包装条款，包装商品的数量或重量组成需要综合考虑商品包装的承载能力、装卸效率、运载工具的承载空间等多项因素，还要考虑交易习惯。例如：Packed in

Plastic Woven Flexible Container, Lined with Plastic Film Bags, and Shipped in Container, 20Bags for each。塑料编织集装袋装，内衬塑料薄膜袋，集装箱装运，每箱20袋。

微课：包装
风险

二、常见的包装条款风险

（一）包装商标侵权风险

1. 含义

这种风险是指进口商未经商标注册人的许可，指使出口商在产品上使用与其相同或相近的商标，导致商标注册人认定出口商侵权，从而给出口商带来的损失。商标侵权的后果非常严重，不但有直接损失，而且有间接损失。

2. 防范措施

（1）如客户要求印刷与某些国际知名商标相同或相近，要求客户出具合法的证明。

（2）贴牌生产的注意事项：审查客户是否为合法的商标权利人或者委托人；查找国内有无类似商标；在海关总署官网查找商标的备案信息；如有必要，可与国内相同或类似商标持有人进行沟通。

（3）对于大额订单又涉及商标，可以在合同中加入两个条款或者以补充协议说明，一是合同适用法律为联合国《国际货物销售合同公约》，该公约保证中方作为完全按照对方指示包装产品导致商标侵权后，得以免责；同时可以将外方的印刷指示以附件形式明确下来，以后出现商标侵权，外方的明确指示可以作为免责的证据。

（二）包装错误或破损风险

1. 含义

包装错误主要表现为在合同生产过程中，由于各种因素导致产品包装印刷、所用材质错误而产生的不良后果。包装破损则主要表现为在货物生产、包装、运输和装卸过程中，由于各种因素造成产品外包装破损而导致客户抱怨甚至索赔的情况。

2. 防范措施

（1）签订包装条款时要慎重，一定要结合产品的运输特点。

（2）客户的包装要求要及时准确以书面的形式传达到工厂及包装车间。

（3）检查包装是质检不可分割的一部分。

（4）某些国家对包装材料有特定的要求，比如：托盘熏蒸，禁止使用稻草等。

（5）包装错误、破损如长期得不到解决，将严重影响与客户的长期合作，有可能最终导致客户的流失。

第五节　保险条款风险及其防范

案例导入

2020年8月，长春特发进出口有限公司向德国KO Company进口500箱汽车零件，单价200欧元/箱，FOB德国汉堡，即期信用证付款，投保一切险。长春特发进出口有限公司付款赎单，凭清洁海运提单提货复验后发现下列情况：（1）该批货物共有50个批号，抽查10箱，发现其中1个批号涉及2箱汽车零件公差未达标；（2）收货人实际收到499箱，少了1箱；（3）有3箱货物外包装有被水浸湿的明显迹象，且箱内货物都有生锈的现象。

问：（1）分析上述情况，长春特发进出口有限公司应分别向谁索赔？

（2）索赔时需要提供哪些材料？

案例分析

第（1）种情况，属于货物本身的质量问题，长春特发进出口有限公司应向德国KO Company索赔，索赔时需要提供海关的检验报告或合同约定的中介检验机构出具的检验报告，证明存在部分零件公差未达标。

第（2）种情况，属于货物运输丢失，长春特发进出口有限公司应向承运人索赔，索赔时需提供海运提单、现场勘查记录等。

第（3）种情况，属于货物运输产生的锈损风险，长春特发进出口有限公司应向保险公司索赔，索赔时需提供保险单或保险凭证正本、海运提单、商业发票和装箱单、检验报告单等。

一、常见的保险条款

保险条款主要包括投保责任归属、保险金额、投保险别及保险条款依据四部分内容。例如：Insurance is to be covered by the seller for 110% of invoice value against All Risks with The People's Insurance Company of China，as per Ocean Cargo Clauses of The People's Insurance Company of China dated 1981.1.1 卖方应该根据中国人民保险公司制订的1981年1月1日生效的海洋货物保险条款按合同金额的110%向中国人民保险公司为货物投保一切险。

微课：保险条款和险别

（一）投保责任归属

保险的投保责任归属依据贸易术语性质决定，FOB、CFR或FCA、CPT下，保险责任由买方负责；CIF或CIP贸易术语下，保险责任归属于卖方。

（二）投保金额

被保险人向保险公司申报的保险标的价值，即投保金额。按照国际贸易惯例，通常以合同金额的110%作为投保金额。

（三）投保险别

买卖双方应就保险标的的投保险别磋商一致，根据运输方式的特点、商品的特性等选择保险险别。

（四）投保条款依据

我国出口商选择保险条款时，一般倾向于选择中国保险条款，如果买方提出要求以I.C.C.条款为依据投保，通常卖方也是可以接受的。

二、常见的保险条款风险

1. 含义

保险条款风险是指进出口双方因没有很好地分析运输货物、运输路线和进口国等特殊情况，没有投保合理险别，导致出险后无法索赔而带来损失的风险。

2. 防范措施

（1）在CIF及CIP术语下，为出口货物办理货物运输保险是卖方的法定义务，卖方应确保保险合同应于货物装船前或货交承运人前生效，以切实保证货物运输的安全。

（2）如果买方要求的投保加成超过10%，通常卖方也可以接受，但需要明确因此产生的额外保费应该由买方来负责。

（3）货物运输保险的险别需要结合货物的品质特性和交易特点来确定，如出口瓷器及陶瓷制品，则应该选择加保碰损、破碎险；如出口目的国政局不稳，时有武装冲突出现，则应该加保战争险等。

（4）在CIF或CIP术语下，如果买卖双方在买卖合同中对保险险别未作规定，根据INCOTERMS®2010规定则卖方只需要按最低险别投保即算履行了投保义务；根据INCOTERMS®2020规定，CIF术语下的卖方只需投保最低险别，CIP术语下的卖方需投保最高险别。

<<<<<<<<<<<<<<<<<<<<<<<<<<<<<<<<<<<<<<<<<<<<<

一、单选题

1. 对进口商而言，以下支付方式从小到大的排列顺序是（　　　）。

  A. L/C<D/P<D/A<前 T/T<后 T/T　　　B. L/C<前 T/T<D/P<D/A<后 T/T

  C. 前 T/T<L/C<D/P<D/A<后 T/T　　　D. 前 T/T<L/C<D/A<D/P<后 T/T

2. 运价最低的运输方式是（　　　）。

  A. 海洋运输　　　　　　　　　　B. 航空运输

  C. 公路运输　　　　　　　　　　D. 铁路运输

3. 在国际货物运输保险中，下列风险属于意外事故的是（　　　）。

  A. 地震　　　　　　　　　　　　B. 串味

  C. 拒收　　　　　　　　　　　　D. 爆炸

二、判断题

1. 如果合同信用证未规定保险金额的投保加成比例，则视为至少投保发票 CIF 或 CIP 金额的110%。　　　　　　　　　　　　　　　　（　　　）

2. 如果合同规定不允许分批转运，则货物必须在同一个港口一起装运。　　　　　　　　　　　　　　　　　　　　　　　　　　　（　　　）

3. 如果合同没有规定货物包装费用承担条款，则应由买方承担包装费用。　　　　　　　　　　　　　　　　　　　　　　　　　（　　　）

三、案例分析题

1. 2020年10月，黑龙江一通裘皮进出口有限公司外贸业务员 Andy 通过"在线广交会平台"结识了法国 BAL Industries Inc. 经理 Mat，双方通过磋商订立了裘皮服装买卖合同，价值18万美元，采用 CIP Paris，France 贸易术语，运输方式为空运，支付方式为 D/P at sight。同年11月，黑龙江一通裘皮进出口有限公司空运出口货物后，备妥各种单据，委托中国银行哈尔滨分行向 BAL Industries Inc. 托收货款。但是，BAL Industries Inc. 拒绝付款。后经查询，货物早已被空运单上的收货人——BAL Industries Inc. 提走。Andy 与 Mat 多方联系，都无音讯。

问：（1）请指出黑龙江一通裘皮进出口有限公司外贸业务员 Andy 在该业务操作中存在的问题并分析原因。

（2）请写出该笔业务风险可控的操作方法。

2. 江西明达外贸公司与日本某公司签订了一份运动服出口合同。该合同要求纸箱包装，该公司外贸跟单员王京在江西虹都纸箱厂订制纸箱，他根据该合同的要求印刷 Shipping Mark 如下：

S/C NO.：12345

C/NO：1–UP

NO.：

MADE IN H.K.

问：（1）如果按此唛头出口报关会产生什么后果？为什么？

（2）如果你是外贸跟单员，应该如何处理此项业务？

3. 我国神太进出口公司以 CIF 术语向日本 SK 商社出口货物一批，日本 CAD 银行开来的 SWIFT 信用证中规定：发票一式两份；全套清洁已装船提单注明"运费预付"，做成空白指示和空白背书，通知方为开证申请人；保险单一式两份，根据 CIC 投保一切险和战争险。本信用证受 UCP600 约束。神太进出口公司在信用证规定的装运期限内将货物装运，并于交单期内向议付行交单议付，议付行随即向日本 CAD 银行寄单索偿。日本 CAD 银行收到单据后回电表示拒绝付款，其理由是单证有下列不符：（1）发票上没有受益人的签字；（2）正本提单背面没有进行背书；（3）保险单上的保险金额与发票金额相等，投保金额不足。

试分析日本 CAD 银行提出的拒付理由是否成立，并说明理由。

【学习目标】

【能力目标】

- 能够分析质量风险并提出防范措施
- 能够分析侵权风险并提出防范措施
- 能够分析单据风险并提出防范措施
- 能够分析检验风险并提出防范措施
- 能够分析运输风险并提出防范措施

【知识目标】

- 掌握国际贸易合同履约过程中的质量风险、侵权风险、运输风险常见的风险表现形式
- 熟悉国际贸易合同履约过程中的单据风险和检验风险常见的表现形式

【素养目标】

- 具备良好的职业道德和诚实守信的品质
- 具有良好的工作行为习惯和自我管理能力
- 具备一定的风险防范意识

思维导图

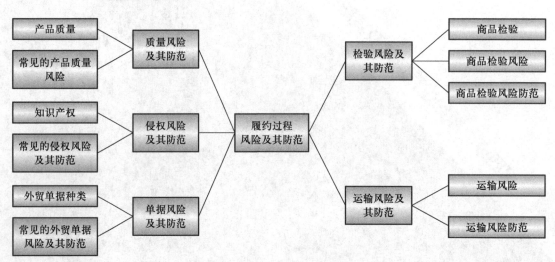

第一节　质量风险及其防范

案例导入

出口企业A与美国买方Y公司有多年的合作关系。Y公司是A企业在北美的三大重要客户之一。A企业于2020年9月向Y公司出口了500万美元的空调，支付方式为开出发票后90天付款。Y公司在收货后却称A企业的产品存在严重质量问题，因而拒绝付款。Y公司拒绝付款的理由如下：

（1）A企业交付的货物中有40%存在离心开关开裂，无法使用的情况。Y公司提供了检测报告、照片、买方的内部验货清单予以佐证上述主张。买方称检测报告是由出口企业派员与买方一同检测做出的，检测结论是2%的货物经抽样发现离心开关有质量瑕疵，且检测报告是由A企业通过邮件的方式回传给买方的。

（2）部分货物存在规格不符合合同约定而无法使用的问题。

（3）电路板存在故障，但买方未提供相关证据。

同时，由于产品质量瑕疵，Y公司陆续收到下游客户的退货，损失仍在不断扩大。因此买方主张向出口企业反索赔100万美元，并表示后续如果有新的投诉，会增加反索赔金额。

A企业在收到Y公司的拒付理由后，对反映的情况立即进行了全面调查，了解到：

（1）根据Y公司的反馈，A企业确实曾派技术人员前往买方仓库检测离心开关问题。鉴于买方强烈要求以邮件回传检测报告，技术人员在未获得公司同意的情况下，自行通过公司邮箱向Y公司回传了报告，由此成了买方拒付货款的理由。A企业也自行调取了国内库存留样并检测，发现离心开关确实较正常型号偏大，在机器高速运转过程中的确容易出现开裂的问题。造成问题的原因是A企业刚刚更换了原材料供应商，由于新的供应商对开关尺寸的把握出现误差，导致此类产品质量瑕疵问题的出现。

（2）就买方所主张的产品规格不符合合同约定的问题，虽然A企业确认在贸易双方合作数年期间买方从未提出产品规格不符合合同约定的问题，但是，在贸易双方签署的框架协议中，发现有一行小字注明"适用XX文件技术规范细则"。A企业找出该XX文件后发现，其中的规范条款长达十几页，规范内容相当具体。若Y公司细究，很容易找出产品规格与规范条款不符之处。

（3）关于电路板存在故障的问题，A企业确认属实。但是在合同履约期间，已经足额发出免费备用电路板供Y公司更换，而Y公司也未进一步举证证明其电路板存在故障带来的损失。

调查结果和现有的证据材料对A企业非常不利。如果A企业强硬反驳，拒绝接受问题的存在，则可能触怒对方，导致合作关系完全破裂且钱货两失。而如果A企业向买方承认产品存在批量瑕疵，可以配合更换零部件或者接受买方退货，则可能面临买方越来越高额的反索赔金额。

由于A企业前期投保了出口信用保险，为了寻求妥善的对策，A企业将情况向中国出口信用保险公司（简称"中信保"）进行了反馈。经调查，中信保得知企业仍有货值400万美元的在手订单尚未出货，而且买方也未撤销订单，这无疑给A企业的谈判带来了转机。假使买方同意出口企业继续供货，将极大稳固双方的合作关系，在合作关系未破裂的情况下，双方仍有协商的机会，货款仍有收回的可能。因此，中信保与A企业一同商谈对策，最终对Y公司拒付货款的诉求提出了以下反馈意见：

（1）A企业就已确认有离心开关质量问题的2%的货物表示愿意承担相应责任。同时，告知Y公司离心开关的问题只是偶然事件，并非全部产品都存在。如果后续发现新的投诉，在买方提供下游客户退货单及发票损失证据的前提下，出口企业可以配合进行零配件的退还。但就损失补偿的方式，将连同剩余货款支付方案一同商议决定，不立刻做出扣款让步。这一举动的目的是向买方展示出口企业尊重客观事实，积极应对和解决货物质量问题的态度，缓和买方情绪，但又不将问题全部揽下，为商谈和继续合作留下空间。

（2）表达希望继续合作的意愿。在新的订单中提供具有吸引力的条件，催促买方Y公司加紧安排出货。此举既可以将买方拉回到谈判桌，同时也可以实现消化400万美元订单的目的。

（3）就其余问题产品，建议Y公司委托由双方共同认可的第三方检测机构就产品规格进行检测，避免再次给买方留下扣款证据。

经过买卖双方的多轮谈判，最终贸易双方签署了和解协议，A企业同意给予Y公司50万美元的降价折扣，但前提是买方承诺在协议签署后15个工作日内一次性支付250万美元的货款余额。

和解协议签署后，为了避免买方出尔反尔，A企业在中信保的建议下，在美国当地对和解协议办理了公证手续，确保买方Y公司在无法依约还款的情况下，可以诉诸法律寻求权益保障。后续买方履行承诺，全额支付了剩余货款。A企业留住了这个重要客户，完满地化解了贸易纠纷，并及时消化了大额库存订单。

案 例分析

向客户交付与合同要求一致的产品是外贸合同履约环节的核心工作。本案例中，A企业在履约环节中出现了多个质量问题，直接导致了客户拒付的严重后果，暴露了A企业在质量管理体系中的多重纰漏：

（1）生产环节对新供应商把控不严，完工检验审核疏漏，直接导致产品核心质量问题，成了本案例的导火索。

（2）技术人员未经公司审批程序，自行向买方发送对己方不利的检验报告，无疑给了买方更大的筹码，成了买方拒绝付款的有力武器。

（3）销售合同是规范贸易双方权利义务的正式文件，对双方均有法律约束力。仔细审查合同品质条款是质量风险管控的重中之重。A企业对于销售合同中质量条款的审核不够严谨，犯了经验主义错误，对合同中涉及的技术标准，未仔细阅读，提前熟悉，导致出现产品规格与合同不符的情况。

海外买家提出质量异议拒不付款的情况频繁发生，其背后的目的可能是产品的确存在问题，给买方带来了经济损失，也可能是买方自身经营原因或想转嫁市场风险。因此，针对买家提出的质量异议，出口企业需要积极、冷静、诚恳应对，剖析买方提出异议的真实原因，在态度上表现出尊重事实的专业精神，及时通过具有公信力的第三方机构进行质量检验，确认质量问题的真伪。若确实存在质量问题，在谈判上处于劣势，尽量促成一次性和解，避免拉锯战和司法途径，导致整个过程复杂、耗时，双方合作关系破裂。

同时，为了防止质量风险的发生，出口企业应在公司内部建立全流程的质量管理体系，对合同条款审核、生产任务下达、产前样的确认、原材料零配件的采购、生产初期检验、生产过程检验、生产尾期检验、完工检验到供应商的管理、质量管理体系认证、检验证书的申请、不良品的管理等各个环节，做好审查把关和风险预警。

一、产品质量

产品质量是指产品的化学性能、物理性能、使用功能都符合相关的国家标准，满足客户的要求，即货物的外观形态和内在质量都属于产品质量考量的范畴。在国际贸易中，产品质量的优劣不仅关系到产品的使用效能，影响产品售价的高低、销售数量和市场份额的增减、买卖双方经济利益的实现程度，而且关系到产品信誉、企业信誉、国家形象和消费者利益。在当前的国际贸易中，买卖双方在正常的贸易过程中，发生纠纷最多的就是质量问题。

二、常见的产品质量风险

（一）产品质量缺陷或瑕疵风险及其防范

1. 产品质量缺陷或瑕疵风险的含义

（1）产品质量缺陷。产品质量缺陷是指产品自身存在的"危险状况"，如设计缺陷、制造缺陷、说明不充分等存在危及人身、财产安全的不合理危险。

（2）产品瑕疵。产品瑕疵是指产品不符合合同约定的标准，在质量、性能、用途和有效期限等方面存在不合格的情况。

微课：合同履约风险之产品质量不符

不论是产品瑕疵还是产品缺陷，都会导致生产商和出口商面临产品质量索赔的高风险。目前，为了更有利于保障消费者的权益，产品责任全球发展趋势是实行严格责任制，即指产品的受害者即使未能提供生产商、销售商存在过失的证明，其产品提供的相关方都必须承担赔偿责任，且不能因买卖合同规定有免责条款而拒绝受害者的索赔。

目前，我国出口企业不少产品的主要出口市场集中在美国、日本、欧盟等。这些国家和地区对产品的质量要求很高。对于出口商而言，一旦发生产品责任事故，将可能面临消费者的巨额索赔及长达数年的法律诉讼。此前，国内不少出口企业认为出口产品责任大都由海外客户自行解决。事实上，根据严格责任制，OEM企业（贴牌生产企业）与自有品牌企业同样面临着因产品责任导致的诉讼风险，甚至零配件厂也要承担出口产品责任风险。因此，建议出口商在对北美或欧盟出口产品时，对容易出现产品责任风险的产品类别投保出口产品责任险。出口产品责任险能够对消费者及其他任何人造成的财产损失、人身伤害所导致的经济损失进行赔偿，对必要的调查取证工作产生的费用和由此导致的法律费用等进行分担。

2. 产品质量缺陷或瑕疵风险防范

为了避免产品质量缺陷和瑕疵，在实施质量管理时要从影响产品质量的因素入手，主要从人（操作人员）、机（机器设备）、料（材料因素）、法（工艺方法）、测（测量因素）、环（环境因素）六个方面进行规范管理，变"事后把关"为"事前预防"。

（二）产品质量与样品不一致风险

1. 产品质量与样品不一致风险的含义

该风险指出口商提供的货物质量与之前向客户确认的样品不一致，从而有可能导致客户取消订单、退货或索赔的风险。

合同关于品质条款的描述通常有文字说明表示法和实物样品表示法两种。两种表示法在同一合同中尽量不要混用，以免造成标准的不一致。若避免不了，需在合同中注明最终产品质量的认定以哪种方法为准。

2. 产品质量与样品不一致风险的防范

（1）对于凭样品买卖的产品，要特别注意交付货物质量与样品的一致性，必须保留好客户确认的样品以及客户书面确认样品的文件。

（2）货物生产前需与生产商进行充分沟通，并再三确认样品后再进行大货生产。

（3）为了防止生产商未按样品进行生产，在签订国内合同时，必须注意国内合同与国外合同的一致性。

（三）产品质量检测标准不一致风险

1. 产品质量检测标准不一致风险的含义

该风险指由于进出口双方的质量检测标准不同而导致产品检测不合格，从而造成出口企业取消订单、客户拒付货款、丢失客户的情况。

产品质量标准是指产品质量特性应达到的技术要求。从标准的适用范围和领域来看，主要包括国际标准、国家标准、行业标准和企业标准。产品质量检测认证是指由国际权威检测机构依据一定的技术标准和技术法规，按照一定的程序对产品的质量进行检测认证后发放检测报告和认证证书的过程。

世界各国政府通过立法的形式建立起不同的产品认证制度，以保证产品的质量和安全、维护消费者的切身利益。比如：电器类产品出口认证有美国的UL认证，加拿大的CSA认证，欧盟的CE认证，澳大利亚的SAA认证，以色列的SII认证，沙特的SASO认证等；电子通信类产品出口认证有美国的FCC认证，欧盟的CE认证，德国的VDE认证。五金类产品出口有欧盟的CE认证，ROHS认证。杂货类产品，特别是与食品接触的产品，出口到美国需要FDA认证，出口到欧洲需要ROHS认证、REACH认证等。

2. 产品质量检测标准不一致风险防范

（1）出口商在进入国外市场之前，应通过正式的官方渠道充分了解该市场对于产品质量的标准。在产品主要参数方面，与客户在采购前期进行充分沟通，了解进口国的准入门槛。

（2）在签订外贸合同时，应明确标注产品的详细质量标准、认证要求和认证机构。

（3）在与供应商签订合同时，要确保供应商的产品能够达到所要求的质量检测标准，并确保国内外合同对于产品质量检测标准要求的一致性。

（4）在大货下单生产前一定要做好确认，客户所要求的相关认证证书是否齐备。

第二节　侵权风险及其防范

案 例导入

北京A公司的"天灯"牌蜡烛在非洲市场上有很高的知名度，销量大，价格好。"为了保护品牌的权益，北京A公司向全国各地的海关都申请了商标备案。除了品牌外，标签的造型、形状、颜色也都申请了保护。

浙江B公司同时出口蜡烛到非洲市场。为了在非洲市场上分得一杯羹，浙江B公司在客户的要求下设计了一个与"天灯"非常类似的商标，中文名称是"天登"。英文和商标颜色与天灯牌商标一模一样。但是，在整体设计上修改了三个地方。

2020年10月，浙江B公司向上海海关申报了五个集装箱的"天登"牌蜡烛。海关查验后认为，涉嫌仿冒"天灯"牌蜡烛的商标和包装标签专利权，货物被暂扣，案件移交缉私局处理。

浙江B公司对这个商标的由来和目的非常清楚，在向专业人士咨询后，确定这个商标被认定为仿冒的可能性很大，如果真是这样，浙江B公司将面临货物被没收、被处罚和被起诉的严重后果。为了尽快解决问题，减少损失，经过多方联系，浙江B公司找到了天坛牌商标的所有权人北京A公司，并与北京A公司达成了一个补偿协议，由浙江B公司支付北京A公司一定的费用，北京A公司出具商标授权使用书，并同意浙江B公司在国内销售货物。最后，浙江B公司向上海海关申请了退关，在国内自行处理了货物。

案 例分析

本案例主要涉及商标专用权的侵权问题。海关是以涉嫌仿冒他人的商标暂扣货物，若浙江B公司不采取主动和解的办法，商标侵权风险的后果是很难估量的。

商标侵权风险是指未经商标注册人同意，在产品上使用与其相同或相近的商标，导致商标注册人认定侵权，要求赔偿或经法律手段解决，从而给进出口商带来的损失。该损失包括但不限于经济赔偿、法律诉讼、失信黑名单等。

商标侵权行为主要有以下种类：

（1）未经商标注册人认可，在同一种商品或类似商品上使用与其注册商标相同或者近似的商标。

（2）销售侵犯注册商标专用权的商品。

（3）伪造、擅自制造他人注册商标标志或者销售伪造、擅自制造注册商标标志的。

（4）未经商标注册人同意，更换其注册商标，并将该更换商标的商品又投入市场的。这种行为称为"反向假冒"。

（5）给他人的注册商标专用权造成其他损害的。如将与他人注册商标相同或者相近似的文字作为企业字号在相同或者近似商品上突出使用，容易使相关公众产生误解的；或复制、模仿、翻译他人注册的驰名商标或其主要部分在不相同或者不相类似商品上作为商标使用，误导公众，致使该驰名商标注册人的利益可能受到损害的；或将与他人注册商标相同或者相近似的文字注册为域名，并且通过该域名进行相关商品交易，容易使相关公众产生误认的。

在本案例中，北京A公司已经就"天灯"商标向全国各地海关都申请了商标备案。浙江B公司在同一种商品上使用了与其近似的商标，即属于侵犯注册商标专用权。根据《中华人民共和国知识产权海关保护条例》规定，国家禁止进出口侵犯知识产权的货物，海关发现进出口货物有侵犯备案知识产权嫌疑的，可以依据知识产权权利人的申请做出扣留决定并进行调查。因此，海关做出的对B公司产品扣留的行为合情合理。

通过本案例的分析，可以了解到接受定牌生产的订单要非常重视商标侵权的问题。进出口商应严格审查客户是否为合法的商标权利人，或委托方在产品最终到达地是否拥有商标权，授权加工的品牌与其获准注册的品牌是否完全一致。一般应让对方提交合法的证明文件，或提交许可使用证明的文件。若对方不能如实提供，应拒绝印刷商标的要求，以免卷入仿冒他人商标的案件中。

另外，需要在海关总署网站上查一下商标备案信息，或请求海关帮助鉴别外商的知识产权状况。与外商签订合同时，不要轻易接受国外客户要求印刷商标的订单。若客户在生产过程中要求修改，更不能掉以轻心。

一、知识产权

（一）知识产权的含义

侵权风险主要指知识产权侵权风险。知识产权主要指智力成果的创造人或工商业标记的所有人依法享有权利的统称。因其为无形资产，比有形产品的管理更复杂。

（二）知识产权的类型

与国际贸易有关的知识产权保护公约主要包括两大类：一是世界知识产权组织（WIPO）所致力缔结的专门的国际知识产权公约；二是世界贸易组织（WTO）制定的保护国际贸易领域知识产权的一揽子协议，即TRIPs协议（《与贸易有关的知识产权协定》）。乌拉圭回合所达成的《与贸易有关的知识产权协定》将知识产权的主要内容分为七个部分。

（1）版权与邻接权，也就是通常所说的著作权，这其中包括计算机软件、音乐著作权等。我国加入WTO前后，修改了三个知识产权方面的法律，即《著作权法》《专利法》与《商标法》，以与西方国家的知识产权法律接轨。

（2）商标权。商标权的获得有三个原则：①注册原则，即注册的一方取得商标权；②使用原则，即先使用商标的一方取得商标权；③折中原则，如美国规定，商标注册后必须连续使用5年以上，才能有确定的效力。

（3）地理标志，也就是原产地标志。

（4）专利。专利主要指各种发明，外观设计，实用新型。专利必须具备新颖性、创造性和实用性三个特点，三者缺一不可。

（5）工业品的外观设计。

（6）集成电路的布图设计，就是通常所说的拓扑图，主要指半导体设计权。

（7）专有技术，也称商业秘密，有三个特点：①秘密的、未被公开过的；②因被保密才有商业价值；③合法控制它们的人已经为保密采取了措施。

其中，著作权、商标权和专利权是国际贸易中知识产权侵权的三大主要类型。

随着全球信息化、数字化时代的到来，知识产权产品已经在国际贸易中占据了越来越重要的地位。企业知识产权侵权与被侵权的国际贸易纠纷层出不穷。如此次中美贸易战开始于2017年8月14日签署的行政令，指示美国贸易代表按照美国《1974年贸易法案》第301条对中国发起调查。内容包括中国是否侵犯美国知识产权，强制美国进行技术转让等。美国的另一项调查"337调查"更是对中国出口企业影响深远。"337调查"是美国国际贸易委员会（USITC）根据美国《1930年关税法》第337节和相关修正案进行的调查。调查对象为进口产品侵犯美国知识产权和其他进口贸易中的不公平竞争行为。"337调查"关于知识产权的不正当贸易构成包括两个方面：①进口产品侵犯了在美国注册的专利权、著作权、商标权等专有权；②美国存在相关产业或相关产业正在筹建中。从2018年1月份到现在，USITC已经根据权利人申请发起了15起针对中国企业的"337调查"。很多企业往往因为应诉费用成本高等原因选择不应诉，导致丢失了美国市场。近年来，发达国家对知识产权的保护开始从民事向刑事过渡，这也需要出口企业引起足够的重视。

二、常见的侵权风险及其防范

（一）定牌加工风险及其防范

1. 定牌加工风险

微课：商标
侵权风险

定牌加工是指一家企业根据另一家企业的要求，为其提供产品和产品配件。一些企业从事定牌加工贸易业务，仅凭简单订单就可以加工生产，即使签订了合同，在接受定牌加工订单时，没有审查委托人是否拥有所委托使用的知识产权，或对客户提供的相关商标注册证书的真实性缺乏审查，从而造成无意识侵权。甚至有委托方利用OEM生产加工方式及国内企业的合同审核漏洞，在中国香港地区或境外小国注册知名商标后，"授权"中国内地企业使用该公司的名义进行生产。一旦东窗事发，抓住加工合同的漏洞，反过来告加工企业商标侵权，加工企业只得承担全部法律责任。

2. 定牌加工风险防范

（1）针对定牌加工风险，出口企业需对委托方有关知识产权内容（如相关商标注册证、授权书等）的合法性进行有效审核。

（2）在签订加工合同时，针对知识产权的相关条款需拟定完整，并在合同中明确规定免责条款，如"因知识产权侵权而遭受索赔、处罚等损失的，由委托方承担全部责任"等。

（3）必要时可以委托有关机构进行知识产权调查，以防止无意中侵犯他人的知识产权。

（4）在要求国外企业提供完整合法手续后，贴牌企业还应查询将要加工的商标在中国的注册情况，应确认商标是否侵犯他人的中国商标专用权，可到海关查询出口的商品是否有知识产权备案。

（5）若遇到知识产权侵权投诉，要冷静处理，积极提供相关证据，以证明自己未侵权的事实。

（二）境外展会风险及其防范

1. 境外展会风险

近年来，越来越多的中国企业选择到海外开拓市场。作为企业展示自我、开拓国际市场的重要选择，境外参展也随之升温。然而，随着中国企业的发展壮大，美国、欧盟等知识产权意识较强的企业将维权目光锁定在了中国企业身上。中国企业屡屡因涉嫌专利、商标、著作权侵权而导致所有参展产品及图片被没收，要求撤展甚至涉及刑事处罚，如逮捕涉事中方贸易代表等。

面对境外参展时的知识产权风险，中国出口企业往往因法律环境不同，沟通障碍，应诉成本高，维权意识不强等原因消极应对，从而导致中国企业常常在遭遇知识产权问题后在国际市场开拓中受挫。不仅如此，外国企业常常利用这种消极心态，用失效专利、非相关专利等威慑中国中小企业，希望其知难而退，进而达到排挤竞争对手的目的。

2. 境外展会风险防范

针对境外展会风险，中国出口企业应选择能够为企业进行知识产权服务的知名组展机构联系参展，培养企业自身的知识产权管理水平，寻求专业化服务团队，如专业律所为其服务，积极应对展会中发生的知识产权风险，维护自身权益。

（三）自有知识产权被侵犯风险及其防范

1. 自有知识产权被侵犯风险

出口企业要大力发展和拥有自主知识产权，不仅要在中国国内发展自主知识产权，而且要及时在全球范围内注册及保护自己的知识产权，特别是在西欧、北美等主要市场注册，从而使竞争对手无机可乘。不少中国企业因未能及时注册商标，导致被境外对手抢注，为夺回商标付出了高昂的代价，或自主创新的设计未及时申请专利，被竞争对手抄袭，提前投放市场，从而失去市场先机，使多年研发投入付诸东流。

2. 自有知识产权被侵犯风险防范

出口企业应重视自有知识产权的保护，利用国际知识产权条约，如《商标国际注册马德里协定》《世界版权公约》《专利合作条约》等合理合法地为自有知识产权及时申请专利、著作或商标权，也可以通过知识产权海关保护，制止侵权货物进出口。

第三节　单据风险及其防范

案 例导入

　　2020年1月，浙江某出口企业A公司与巴基斯坦老客户买方B公司签订了合同，金额为30万美元，支付方式为全款预付。但合同签订后，买方不久就宣称由于巴基斯坦外汇管制等原因，无法顺利支付货款。经双方商议，将支付方式改为托收100%D/P出运前支付方式。A公司于2020年2月24日出运该合同项下的1票货物，发票金额为15万美元。货物出运后，买方B公司称其现有美元不足，要求A公司修改发票，将托收金额改为10万美元，同时承诺按照原发票金额付款，剩余的5万美元将通过电汇方式在货物到港前付清。

　　因上述情况在以往的交易中经常出现，而且B公司均如约付款，因此A公司在未留存任何书面证据（包括邮件及社交软件聊天记录等）的情况下按照买方指示操作，并将修改后的单据交给托收行。随后，B公司按照金额为10万美元的发票向托收行付款赎单并提走货物。之前剩余5万美元货款，A公司多次催缴，但买方B公司称已全额付款，并提交付款凭证，显示其于2020年3月16日向A公司支付5万美元。A公司抗辩称该笔付款是买方支付的历史欠款。但由于双方历史交易较多，买方付款较为随意，双方从未进行过对账，故A公司未能提供书面凭证证明自身主张，剩余5万美元最终追索无果。

案 例分析

　　由于国际贸易跨国的特殊性，货物与货物之间不能直接交换，均以国际贸易单据作为交换手段，在货物的支付、运输、保险、检验、报关、结汇中都是重要凭证。买卖双方均需遵守所在国家法律、法规及海关相关管理规定的要求，签署真实、合法、有效的贸易合同，出具与事实相符的单据。

　　但是，在贸易实务中，有些买方会以各种各样的理由要求出口企业出具与事实并不完全相符的贸易单证。例如，为了低值清关，规避税费，要求出口企业出具低于实际货值金额的发票。在本案例中，买方要求出口企业出具低值发票，交给托收行。因之前买方多次以无法汇出足额美元为理由，要求A公司通过银行托收开具低值发票，但最终均以实际货值支付货款，没有出现拖欠款项的问题。因此出口企业降低了对买方的警惕，视其为老客户的习惯操作，出于关系维护同意帮忙。同时，也因为交易对象为老客户，没有妥善保管相关的书面证据，导致债权金额无法确定。托收行在收到低值发票金额后放单，但出口企业未能收到应得款项，丧失了对货物的所有权，最终追款未果。这就是常见的"阴阳单据"的风险。

为了防止类似的风险发生，出口企业应主动拒绝买方开具不符实际的贸易单据。若企业拒绝开具"阴阳单据"的要求未果，应要求买方签署正式协议或留存往来函电，证明全部操作依照买方指示，且买方承诺按照实际情况（包括实际金额、实际支付方式及实际货物流向等）承担付款义务。同时，无论是新客户还是老客户，均应签订正式书面合同，要求买方提供各种指示操作书面凭证并妥善保管。如在交易过程中，情况发生变化，应书面请求买方认可并要求其书面回复。此外，应当注意的是，虽然微信等即时聊天工具较为便捷，但对贸易关键环节进行确认时，仍应当要求买方通过电子邮件对相关文件确认回签，同时妥善留存。

此外，若买卖双方存在多笔历史交易，要及时对账，及时清账，及时确认各项贸易单据，防止债权债务关系的不清晰。

一、外贸单据种类

（一）按外贸单据的性质不同划分

外贸单据根据性质不同划分为"金融单据"（Financial Documents）和"商业单据"（Commercial Documents）两种。金融单据指汇票、本票、支票以及用于收款的其他单据；商业单据指发票、提单、权利证书及其他不属于金融单据的所有单据。

（二）按使用频率划分

根据贸易单据在出口贸易中使用频率的不同，外贸单据可以分为基本单据和附属单据。

基本单据指出口商一般情况下必须提供的单据，包括发票、提单和保险单这三大单据；附属单据指在某种特殊情况下，买方要求卖方协助提供的单据。这些单据又可分为两类：一是进口国官方要求的单据，如领事发票、海关发票、产地证、检疫证、黑名单证明以及出口许可证、装船证明等；二是买方要求说明货物详细情况的单据，如装箱单、重量单和品质证等。

（三）按UCP600划分

UCP600将信用证项下的单据（汇票除外）分为以下四大类：

（1）运输单据（Transport Documents），包括海运提单，非转让海运单，租船合约提单，多式联运单据，空运单据，公路、铁路和内陆水运单据，快邮和邮包收据，运输代理人的运输单据等。

（2）保险单据（Insurance Documents），包括保险单，保险凭证，承保证明，预保单等。

（3）商业发票（Commercial Invoice）。

（4）其他单据（Other Documents），包括装箱单和重量单，各种证明书。

二、常见的外贸单据风险及其防范

（一）提单风险及其防范

1. 常见的提单风险

（1）倒签提单的风险。在信用证情况下，为了符合单证相符的要求，有时需要倒签提单，但是对收货人来说则构成合谋欺诈，收货人如果证据确凿，可以申请法院止付令。

（2）无提单放货的风险。海运提单是物权凭证，货物运到目的港后，承运人有义务将货物交给正本提单持有人。然而在实际业务中，有时会发生货物先于运输单据到达的情况，在与日本、韩国、中国香港及东南亚等近洋地区的贸易中屡见不鲜，在无提单放货过程中，提取货物的不一定是买卖合同的买方，货物有可能被冒领，提货人往往不易查明，也有船方偷货的可能。

（3）货代提单的风险。货代提单不是物权凭证，在FOB情况下，易形成进口商与货代勾结骗货的情况，造成出口商钱货两空的风险。

2. 提单风险防范

（1）出口商在合同签订前，要调查买方的资信情况。

（2）签订合同时，尽量采用CIF或CFR的条款签订，选择可靠的船公司（承运人）运载货物。如果是FOB情况下，一定要调查货代和船公司的资信。

（3）严格执行海运提单的签署，尤其是在信用证的情况下，一定要做到单证一致。

（4）尽量不要使用倒签提单。若发现外方有诈骗迹象时，应及时向海事法院起诉。

（5）在信用证的情况下，对以下提单要点需着重审核：

① 提单上的 Shipper、Consignee、Notify Party、装运港、目的港/目的地、货物描述、唛头按照信用证的要求填写，注意货物描述只要写上货物的品名就可以了，后面的具体规格等可以不写，如信用证中唛头没有规定，可以按照客户的要求写或者写"N/M"。

② 毛重及体积与我们报关时的数据要一致。

③ 正本提单上要有"original"字样，并且要标明正本提单的份数。

④ 提单上一定要有"on board"字样及装船日期，有的提单on board字样

微课：提单风险

是事先印好的，如果没有事先印就，那么一定要盖"on board"章或者写上"shipped on board"字样。

（二）商业发票风险及其防范

1. 商业发票风险

在进出口业务中，要警惕"阴阳发票"的问题，尽量不开与实际业务不相符的发票，避免收汇风险。

2. 商业发票风险防范

（1）在信用证中，商业发票作为核心单据，制单和审单过程要注意避免以下问题，防止单据不符，无法结款。

① 商业发票的抬头必须与信用证规定一致；

② 商品的描述必须完全符合信用证的要求；

③ 商品的数量必须符合信用证的规定；

④ 单价和价格条件必须符合信用证的规定；

⑤ 提交的正副本份数必须符合信用证的要求；

⑥ 如果以影印、自动或计算机处理或复写方法制作的发票，作为正本者，应在发票上注明"正本"（Original）字样，并由出单人签字；

⑦ 发票的金额是否有大写，大小写是否一致，币种、数额是否有误；

⑧ 有无列明商品的总包装件数、总毛净重和总尺码；

⑨ 信用证要求表明和证明的内容不得有遗漏，如信用证要求手签发票等。

（2）需谨慎对待商业发票的软条款，如要求商业发票由进口国特定的机构或人员签字或出具的条款；要求发票由进口国领事签证但当地并无该国领事馆的条款，这在实践中难以实施。

（三）产地证风险及其防范

1. 贸易保护主义风险

贸易保护主义日趋抬头，为限制进口，各个国家都把原产地规则要求视为贸易保护的有力工具，原产地证明书等外贸单证均成为各国实行进出口贸易管制的有效手段，对相应单证的制作也有了新要求。

2. 信用证风险

某些不法进口商常常与银行联手，在信用证中设立和原产地证相关的软条款，如故意在信用证中要求原产地证受益人保留空白（大多数国家规定受益人空白的原产地证不能颁发）；故意在信用证中要求有国际商会颁发普惠制证书（属于官方文件，只能由政府部门颁发），以极其隐蔽的手段和专业性的描述让出口方跌入其事先设定的陷阱之中。因此出口企业在审核信用证时，需特别警惕类似的"软条款"风险，及时要求进口商改证。

3. 出口商信用风险

出口商未规范原产地的申报，未能如实申报货物描述和货物运输路线，导致退证的风险。因此，出口商需要按照货物的真实状况如实申报，规范申请。

第四节 检验风险及其防范

2020年4月，浙江A公司向西班牙贸易商B公司出运了一批天然蜂蜜。合同规定以FOB贸易术语成交，买方指定承运人运输。但是买方在提取货物，应付货款日到期后，迟迟不肯支付货款。买方声称因产品存在质量问题，拒绝支付货款。A公司多次催讨无效后，向中国出口信用保险公司申请报案并委托中国出口信用保险公司帮助其追讨货款。中国出口信用保险公司接受报案后，立即联系了B公司。B公司提供了由Intertek实验室出具的检测报告，显示蜂蜜中某指标超标。A公司随后向中国出口信用保险公司反馈其产品不存在指标超标的问题，并提供了出运前工厂的检测报告和中国商检出具的检测报告，两份报告均显示买方所称的指标符合合同约定。同时，A公司提出合同成交的贸易术语为FOB，在货物交付买方指定运输方并装港时，其已经保证了产品品质符合要求，因此买方没有理由拒绝支付货款。中国出口信用保险公司再次联系了B公司。B公司表示对A公司提出的装港检验结果不予认同，并指出合同中明确规定："The seller authorizes the buyer to open the container at port to take necessary samples requested by the portual veterinary authorities, or to certify the contents of the container in the case of non-conformity the contract can be revoked." 从合同约定的角度来说，确已约定卸港检验结果对产品品质具有最终效力。根据该合同条款，A公司的装港检验结果虽然为权威性检测结果，但并无最终约束力，应以买方的卸港检验报告为准，产品品质以卸港检验结果为最终结果。因此，判定产品质量不合格，拒绝支付货款。

面对上述情况，中国出口信用保险公司对B公司提供的检验报告等材料进行了深入分析，发现B公司的卸港检验报告出具时间较晚，同时关于样品的送检时间并未在报告中明确显示。经过律师与检测机构订单核实，发现该报告的样品送检时间竟是在货物到港2个月之后。同时，律师查明B公司的实际提货日期也是在货物到港2个月后。在此期间，货物一直滞留在港口。

中国出口信用保险公司查阅多方资料，均显示买方所提出超标的某指标，对温度的依赖性较高，在高温环境下会加速生成。每年的5-7月是该港口最热的季节，A公司出口的蜂蜜在这样的高温环境下滞留港口长达2个月，且未采取任何合理的仓储处理，某指标显著增加是必然结果。

根据上述调查结果，中国出口信用保险公司和A公司立即向B公司提出反驳，认为B公司在合同项下未履行及时提取货物的义务，导致货物滞留港口长达2个月的时间，且在货物滞港期间未采取任何有效方式对货物进行合理仓储，直接导致了蜂蜜的某指标超标。同时，买方亦未在合理时间内对到港货物进行品质检测，而是在货物经历长期高温滞港后才进行送检，其检验结果已经无法证明产品应有的品质，已经丧失了对产品品质的最终约束力。因此，买方以产品品质不符为由拒绝付款应属无效。

针对中国出口信用保险公司提供的反驳材料，B公司哑口无言。在律师多次施压下，B公司终于承认其未及时提货和付款的主要原因是产品市场价格下降，并提出如A公司同意给予其一定折扣，B公司愿意支付剩余货款。为了尽快拿到货款，经过双方协商，A公司接受了一定的折扣方案。同时针对A公司的折扣损失，中国出口信用保险公司及时进行了赔付处理。A公司最终顺利拿到了拖欠的货款。

案 例分析

本案例造成出口企业A公司处于不利局面的根本原因是出口企业与B公司的贸易合同签订了卸港检验条款，导致卸港检验结果成为具有最终效力的检验结果，A公司之前出具的装港检验归于无效。

首先，该合同签署的贸易术语是FOB。在FOB贸易术语下，产品的风险转移点在起运港船上，同时运输也是由买方指定的承运人负责。对卖方来说，其能力和责任仅能保证货物装港前的品质。若后续由于承运人的不当操作、运输、储存造成了产品品质出现问题，理应由买方承担。因此签订卸港检验条款，无疑是变相地将买方应承担的责任转嫁给了卖方。所以从保护出口企业利益的角度考虑，建议出口企业应尽量在合同中签订"装港检验具有最终效力"的检验条款。装港检验与卸港检验相比，能有效地避免扩大卖方的责任，能在出运前就及时处理存在问题的货物，避免卸港后发现问题，产生退运、弃货、折价转让等不必要损失。

其次，若买方坚持签订"卸港检验"的条款，在实际履约过程中，出口商应做好以下事宜：

（1）选择双方都认可的全球范围内知名的第三方检验机构实施检验，可以在一定程度上避免买方和检验机构相互勾结，出具恶意检验结果的几率。

（2）对检验时间、检验方法、检验内容、检验地点需做详细的规定。例如，如何抽取样品，样品的数量是多少，采取何种检测方法等；对送检时间进行明确规定，约定超过送检时效则检验结果无效等。如果合同中没有明确规定，出了问题，出口商往往会陷入被动。

（3）对检验过程及检验结果都需做反复审核。本案例中当买方出具了有问题的卸港检验，出口商并未对此检验进行进一步的调查，直到中国出口信用保险公司介入，才真正查明样品的真实送检时间，差一点就无法挽回由于市场价格变化，导致买方恶意出具卸港检验结果，拒付货款的损失。

（4）由于各国检测机构的水平、方法不同，在买方进行卸港检验时，难免会得出与出口企业装港检验不同的结果。建议出口商可以在合同中设定"质量—价格"的阶梯调整条款，例如"含量不足98%，但高于95%，则价格下调XXX/吨；含量不足95%，但高于90%，则价格下调XXX/吨"等，能有效防止买方因轻微质量瑕疵拒绝接收货物或拒绝支付全部货款的风险。

一、商品检验

（一）商品检验的含义

商品检验简称商检，是指国际贸易中，商品的卖方、买方或者第三方，在一定条件下，通过由国家设置的检验管理机构或政府认可的民间公证鉴定机构，按照合同、标准或国内外有关法律、法规、惯例，对商品的质量、规格、重量、数量、包装、安全及卫生等方面进行检查和鉴定，并做出合格与否或通过验收与否的判定或为维护买卖双方合法权益，避免或解决各种风险损失和责任划分的争议，便于商品交接结算而出具的各种有关证书的业务活动。

（二）商品检验的种类

商品检验主要包括对商品品质、规格、数量、重量、包装、卫生安全等内容的检验，一般分为法定检验和非法定检验。

微课：法定报检

1. 法定检验

法定检验是指国家以立法形式，通过强制手段，对重要的进出口商品指定由商检机构统一执行强制性检验。属于法定检验的出口商品，未经检验合格者不得出口；属于法定检验的进口商品，未向商检机构报验或检验不合格的不能获海关验放，即使进口也不准销售与使用。法定检验商品主要包括：列入《出入境检验检疫机构实施检验检疫的进出境商品目录》的进出口商品,《中华人民共和国食品卫生法》规定的出口食品的卫生检验,出口危险货物包装容器的性能鉴定和使用鉴定,装运出口易腐烂变质食品、冷冻品的船舱,集装箱等运输工具的适载检验,有关国际条约规定须经商检机构检验的进出口商品,其他法律法规规定须经商检机构检验的进出口商品。

2. 非法定检验

非法定检验是指商检机构根据对外贸易关系人的申请,对进出口商品实施公证、鉴定的业务。非法定检验的商品主要指法定检验以外的进出口商品。商检机构在对进出口商品进行检验鉴定后,做出公证结论,并签发有关证书。

商品检验工作是使国际贸易活动能够顺利进行的重要环节。在国际贸易中的商品检验为维护买卖双方合法权益提供了重要手段,为买卖双方交接货物、收付货款以及后期索赔提供事实依据,也是确保百姓健康,维护国家利益,保护环境的重要举措。

二、商品检验风险

(一)检验权不清晰引起的风险

该风险是指检验条款中未能明确规定谁享有最后的检验权从而引起争议的风险。因此,在合同的检验条款中必须规定最终检验权的归属和最终检验结果的判定。

商品检验一般分为:

(1)出口国检验,又称装船前或装船时检验,就是在货物风险转移之前或风险转移之时,在卖方的工厂、仓库或装运港(地)对货物进行检验,检验后买方在目的地没有复验权。此类检验,检验权掌握在出口商手中,很显然对出口商比较有利。

(2)进口国检验是指在进口国目的地卸货后进行的质量与数量检验,包括目的港卸货时检验和用户所在地检验。此类检验的检验权掌握在进口商手中,明显对进口商比较有利。

(3)出口国检验,进口国复检是指卖方在出口国装运货物时,以合同规定的装运港或装运地检验机构出具的检验证书作为卖方向银行收取货款的凭证之一。货物运抵目的港或目的地后,由双方约定的检验机构在规定的地点和期限内对货物进行复验。此类检验,出口商和进口商都有检验的权利,相较于前两种检验更为公允。

(二)检验机构选择不合理引起的风险

根据客户的委托或有关法律的规定,对进出境商品进行检验、鉴定和管理的机构就是商品检验机构。商品检验机构可分为官方检验机构、半官方检验机构和独立检验机构（非官方检验机构。）。国际贸易合同中的检验条款需明确检验机构。若未明确约定检验机构，导致当事双方对检验证书的有效性产生分歧，会导致索赔无效。此外，未按合同约定的检验机构进行检验，所得检验结果和出具的检验证书不具有法律效力，依据其做出的索赔也是无效的。对于商检机构的选择，必须是买卖双方共同认可的，需避免由单方指定的检验机构或与单方有第三方利益关系的检验机构检验，容易导致恶意出具检验结果的问题。

国际上著名的商品检验机构有：

1. 瑞士通用公证行

瑞士通用公证行（SGS）是当今世界上最大的检验鉴定公司，总部设在日内瓦，是专门从事检验、实验、质量保证和质量认证的国际性检验鉴定公司。

2. 英国英之杰检验集团

英国英之杰检验集团（IITS）是一个国际性的商品检验组织，集团主要成员有英国嘉碧集团、香港天祥公证行、英特泰克国际服务有限公司、英之杰劳埃德代理公司等。英之杰检验集团与中国商检机构建立了业务合作往来关系，并签订了委托检验协议。

3. 日本海事鉴定协会

日本海事鉴定协会（NKKK）是日本最大的综合性商品检验鉴定机构。NKKK与中国商检机构签订了长期委托检验协议，相互之间多年来有着密切的合作关系与业务往来，并共同组建了日中商品检查株式会社从事检验鉴定业务，并进行经常性的技术交流。

4. 美国安全实验所

美国安全实验所（UL），又称美国保险人实验室，其宗旨是采用科学的测试方法来研究确定各种材料、装置、产品、建筑等对生命财产有无危害和危害程度，确定编写、发行相应的标准和资料，从而确保安全的可靠性。UL在中国的业务由中国进出口商品检验总公司（CCIC）承办。

（三）检验标准或检验方法不一致引起的风险

在合同检验条款中，需要明确检验标准和检验方法。不同的国家对不同产品的进口准入标准有严格规定。因进出口双方的检测标准或方法不一致导致的产品检测不合格，会造成企业失去订单或丢掉客户的情况。

（四）检验时间和地点争议引起的风险

商品检验的时间和地点通常就是索赔的期限和索赔地。在检验条款中规定具体的期限，一旦超过约定的期限未检验，买方就失去检验权。因此在索赔期限及时检验和发现货物质量问题对买方而言尤为重要。索赔地往往与检验权归属捆绑在一起。一般在装运港检验，目的港复验。装运港的检验结果作为议付的依据，如果复验发现货物存在问题，买方可凭复验结果提出索赔。此种做法对于买卖双方来说比较公正，保证了买卖双方的实际利益，在国际贸易中使用较广泛。

（五）检验证书引起的风险

商品检验证书是检验机构对进出口商品进行检验、鉴定后出具的证明文件，是各种进出口商品、检验证书、鉴定证书和其他证明书的统称。检验证书是证明卖方所交货物的品质、数量、包装以及卫生条件等方面是否符合合同规定的依据，是海关验关放行的依据，是卖方办理货款结算的依据，是办理索赔和理赔的依据。

常见的商品检验证书的种类有：品质检验证书、重量或数量检验证书、兽医检验证书、卫生健康证书、消毒检验证书、熏蒸证书。

与检验证书相关的主要风险有：

（1）未能及时申请检验证书，导致清关和结汇的延误风险。未能及时申请检验证书的原因有很多，如不知产品为法定商检产品，检验样品未能及时送达，申请检验证书的部分资料缺失，不清楚申请的流程和机构等。

（2）伪造检验证书的风险。进出口商缺乏诚信，伪造检验证书，骗取对方的货物或欠款。

（3）检验证书无效。未能根据合同要求，对检验机构、检验时间、检验方法等进行检验，导致检验证书无效。

三、商品检验风险防范

制定商检条款时内容要科学严谨，避免含糊其词和歧义。主要从以下几个方面把握：

（1）商检约定要灵活，进出口商检中的检验索赔条款中进口商检条款要尽量强调以中国检验检疫机构出具的检验证书为依据，出口商检条款应强调以我方同意的、具有权威的第三方检验检疫机构出具的检验证书为依据。

（2）尽量将复验条款和索赔条款区分开来，完成检验并非提出异议索赔的必备条件，检验证书只是异议索赔的证据，提出异议无须等到出具正式的检验结果。同时要明确规定合理的复验期限、起算时间及复验地点和机构。

（3）应在检验条款中明确规定检验标准和方法。订立条款时还要实事求是，综合考虑自身的技术水平、生产能力等，应尽量采用国际标准或国外先进标准，选用最新版本，避免选用自己不熟悉的检验标准和检验方法。

（4）明确检验时间和检验地点，尽可能对我方有利，减少纠纷。检验条款应与其他合同条款相一致，不能相互矛盾。检验条款的规定要切合实际，不能接受不合理的检验条件。

第五节　运输风险及其防范

　　2019年3月，萧山A公司向南非客户出口100万美元桌布产品。该客户为展会上认识的新客户。本次订单应客户要求产品上印有买家自有商标。合同以FOB术语成交，并约定货物到港7天后买家付款赎单。为了有效控制货权，A公司采用了"无记名提单"，自行控制单据并拟在买方全额支付货款后才将提单正本交予买方提货。4月上旬，货物到港，买家却以市场销售不理想为由，拒绝付款赎单。因该企业投保了出口信用保险，收到买家拒绝付款赎单的通知后，立即向中信保提交了报损申请。经中信保调查后发现，A公司发现手上的"无记名提单"其实是货代提单，船东提单由买方货代实际掌握，且船东提单的收货人被注明为买方。

　　同时，经过了解才知道根据南非海关政策，在此情况下，如A企业希望取回或转卖货物，需获得买家的弃货声明才行。而该批货物因为印了买家商标，在未经买家同意的情况下不能随意转卖。因此A公司只能与买家再次协商，希望买家提供弃货声明，方便退运或转卖产品，但是买家拒不回应。5天后，A公司获悉买家已经全额提走了货物，A公司面临财货两空的危机。A公司只得继续求救中信保，要求其帮助解决问题。

　　中信保立即采取行动，一方面以买家实际收货为由，要求买家承担付款责任，另一方面则指导A企业向买家指定的货代施压，要求货代承担无单放货的责任。最终，买家通过分期偿还了全部欠款，帮助A企业挽回了损失。

　　货物运输是国际贸易中非常重要的一环。无论签订何种合同，只要涉及货物买卖，必定会涉及货物运输。国际贸易的货物运输以海运为主。在海运中，需特别关注作为海上货物运输合同证明的提单带来的风险和陷阱，也需要对货运代理，对进口国的海关政策在事前做详细的调研。本案例中A企业在运输环节因为不熟悉提单类型和进口国海关政策，且对买家货代未做详细调查，险些出现了财货两空的局面。从A企业的案例分析中，可以对出口企业在防范运输风险方面提出以下建议：

1. FOB项下，由买方指定货代，而货代出于与买方长期的合作关系及运费的需求，一般会听从买方的指示，同时考虑到海运费的承担和滞港费用的增加，货代更愿意在买方支付运费和出示保函的情况下将货物放给买方。在某些国家，货运代理人或者承运人只需证明自己已经核查过买方的身份，即可在记名提单项下对于无单放货免责。个别情况（如本案例）下，甚至不记名提单也存在货代无单放货的风险。因此，FOB贸易术语下的无单放货风险极高，而货代通常无力偿还债务。所以建议企业在新客户的交易中要特别关注FOB贸易术语的风险。在可能的情况下，可以选择其他贸易术语，如CIF、CFR进行交易。若客户坚持使用FOB贸易术语，务必对客户的货代在事前做好全面的资信调查，并且要求货代签署未经允许不可放货的保证协议，对货代形成法律约束力。若货代私自放货，将承担违约责任。

2. 出口企业应事先了解出口国的海关政策，如目的国海关对于退运时间的处理，对于退运文件的要求等。在本案例中，A企业未对南非港口的海关政策提前了解清楚，不知当地海关规定，在货物考虑转卖给第三方或退运时，需要收货人出示弃货证明，使得A企业在对货物做处理时碰到了很大的障碍。

3. 出口企业需熟悉提单的类型。本案例中A企业拿到的是货代提单（House of Bill，HB/L），而非船东提单（Master of Bill，MB/L），这是根据提单签发人不同进行的分类。MB/L是船公司发出的提单，只要有MB/L，任何人都可以在目的港直接向船公司提货。HB/L是货代基于MB/L发出的提单，需要在目的港指定代理或分公司换取MB/L，再做清关提货。因此，当订单是FOB贸易术语下指定货代的情况下，如果目的港货代和收货人串通，收货人完全可以在没有货代提单的情况下清关提货，这就是"无单放货"的风险。因此在FOB贸易术语下，出口企业要慎用货代提单，避免风险。

一、运输风险

（一）海上运输风险

海上运输是指以船舶为运输工具的运输方式，占据了约80%的运输体量。海上运输风险主要指国际贸易货物在海上运输、装卸和储存过程中，可能会遭遇到的各种不同特殊状况，主要包括海上风险和外来风险。

1. 海上风险

海上风险主要指自然灾害和意外事故造成的损失。

（1）自然灾害是指由于自然界的变异引起破坏力量所造成的灾害，如恶劣气候、雷电、海啸、地震、洪水、火山爆发等人力不可抗拒的灾害。

（2）意外事故是由于意料不到的原因所造成的事故，比如搁浅、触礁、沉没、碰撞、火灾、爆炸和失踪等。海上风险虽然发生的概率不高，但是一旦发生，后果就比较严重，会造成货物的部分损失或全部损失，因此出口企业往往会对货物投保海上运输保险，防患于未然。

2. 外来风险

外来风险包括一般外来风险和特殊外来风险。

（1）一般外来风险是指货物在运输途中由于偷窃、下雨、短量、渗漏、破碎、受潮、受热、霉变、串味、玷污、钩损、生锈、破损等原因所导致的风险。

（2）特殊外来风险是指由于战争、罢工、拒绝交付货物等政治、军事、国家禁令及管制措施所造成的风险与损失。特殊外来风险也可以通过投保海上运输保险来转嫁货物的风险。

（二）航空运输风险

（1）因为空运单不像海运提单，不能作为物权凭证，因此出口商会有收不到货款的风险。

（2）不利于企业融资。在海运方式下，海运提单可以取得银行的融资，但是空运提单无法作为抵押物取得融资。

（3）易受天气影响。航空运输受天气的影响较大，遇到恶劣天气，航空运输很可能会延迟甚至取消，会导致运输的延误。

（三）货运代理风险

国际货运代理源于英文"Tht Foreight Forwarder"，简称"货代"主要指接受进出口货物收货人、发货人或其代理人的委托，以委托人或者自己的名义代办租船、订舱、配载、缮制单据、报关、报检、保险、集装箱运输、拆装箱、签发提单、结算运杂费等业务，收取代理费或佣金的企业。我国90%的出口企业都会委托货代办理运输的相关事宜。选择货代的资信和服务水平非常重要。一些中小型货代公司在接受托运人订舱委托后，会再委托另一家货代公司进行订舱，甚至很多时候一票货物运输能转三四家货代公司。作为货主的出口商往往并不了解转手后的真实情况，如果中间出现问题会很难控制，甚至出现法律诉讼纠纷的风险。

同时，境外货代的资信风险也是出口商需重点关注的。这些货代公司一旦出现问题，不是拖延推诿就是一走了之，严重扰乱了货代市场的秩序，侵害货主或承运人的合法权益。

特别是在FOB贸易术语下，货代由进口商指定的时候，进口商与境外货代勾结，要求船公司无单放货，造成出口商钱货两空的海事欺诈案例屡屡发生。这类案例的共同点是进口商通过在贸易合同中签订**FOB**价格条款，掌握租船和订舱权，然后指定境外货代安排运输，再由境外货代委托一家国内货代具体向实际承运人订舱、出运货物，并由境外货代作为无船（或称契约）承运人签发海运提单给托运人（即国内出口商）。国外出口商自己凭实际承运人的海运提单在国外提货，这样国外进口商就不必付款赎单了。国内出口商往往找不到契约承运人或者该契约承运人根本不来国内应诉，而造成财货两空的局面。

（四）海运提单风险

海运提单是用以证明海上货物运输合同和货物已经由承运人接受或者装船，以及承运人保证据以交付货物的单证。国际贸易海上运输过程中，提单的开具和使用会出现诸多风险。常见的提单风险主要有以下几种类型：

1. 记名提单风险

记名提单指提单上的收货人栏内具体填明收货人名称，只能由该指定的收货人提货。与指示提单、不记名提单不同，记名提单不得转让。由于记名提单的收货人已在提单中指定，如货物已运至目的港，根据很多目的港所在国/地区的法律（包括中国），未经记名收货人书面同意，不得变更收货人，当地海关也不会同意将货物退运。

由于记名提单下承运人是否应凭正本提单交货各国存在不同的规定，而提单背面的法律适用条款可能适用于不同国家的法律。因此，使用记名提单可能存在承运人无单放货而无须承担任何责任的风险。

2. 货代提单风险

货代提单指由货代签发的提单，并不具备海运提单"物权凭证"的性质。因此大部分船公司不接受货代提单提货，需要货代先在目的港向代理换取船公司提单后再完成提货。所以如进口方要求出口方使用进口方指定的货代，在信用证条款结汇的情况下，若增加一些苛刻条款，使出口方制单时稍有不慎便无法结汇。进口方与货代勾结套取货物的提单，而出口方虽然掌握货代提单，由于货代提单并不具备海运提单"物权凭证"的性质，造成出口商货款两空。

3. 电放提单风险

电放提单是指船东在得到托运人指示后，在收回其已签发的提单情况下，用电话或传真形式指令其在目的港的代理人将货物放给提单中所标的收货人的行为。由于电放提单可以指示承运人不凭正本提单放货，所以具有一定的风险性。若出现问题，承运人能够通过一定的法律文件保护免除责任，但是出口商却会面临在不知情的情况下发现货款未收到而货被放掉的风险。

微课：退运
风险

（五）退运风险

出口货物退运，是指发货人把货物正常出口报关后，因为质量或其他原因，收货人拒收该货物后，原发货人办理该货物的退运进口。出口货物退运的主要原因是出口货物自身质量和外商自身原因拒绝收货而产生的出口货物退运。在国际经济低迷或者经济危机环境下，国际需求量下降，价格不稳定，收货人为避免产生经济损失，经常拒收货物或者退货，出口货物退运的频率较高，一旦出现收货人拒收货物或者要求货物退运，出口企业由于缺乏对该类风险的控制措施和经验不足，导致不能积极解决退运事宜，大部分出口企业最终成为主要经济损失的承担者。

此外，还需谨防买方利用当地国海关政策低价骗取货物。如有些国家对办理货物退运有规定的限制时间，如果遇到买方在货物到港后失踪、联系不上或者以种种借口拖延时间时，有可能是企图在出口商不了解海关规定的情况下，通过拖延收货清关来达到货物被海关没收和拍卖的最终目的。不同国家对于货物退运手续需提交文件的规定也有一定差异。在很多国家的海关规定中，都有对退运需提交买方不收货证明或买卖双方达成的退运协议的要求。如果涉及定牌生产的货品，一般还需提交买方同意出口商出售其产品的声明。若买方迟迟不肯提供，也可以阻碍出口商安排退运，导致货物被没收和拍卖低价获得。

二、运输风险防范

（一）通过投保转嫁海上运输风险

若贸易合同是以 CIF 贸易术语成交的，出口企业需要办理保险。根据中国海洋运输货物保险，可以分为基本险别和附加险别两种。基本险别包括平安险、水渍险、一切险。附件险别包括一般附加险和特殊附加险。出口企业在投保时，需要考虑货物的种类、性质和特点，货物的包装情况，货物的运输情况，目的地的政治局势等，结合不同险种的保险费率加以权衡。

（二）慎重选择货代

货代的资信与货物运输的风险直接相关。特别是在 FOB 贸易术语客户指定境外货代的情况下，必须对货代资信做全面调查。货代的资质查询可以通过请货代提供营业执照和备案文件或经济保证金证明，也可以通过当地工商行政管理局的网站对注册时间和资金进行查询，另外还可以通过国家货代信息管理系统对货代进行合法性查询。若出口企业投保了出口信用保险，也可以通过中信保调查货代的资信。

（三）谨慎对待海运提单风险

对于记名提单可能存在承运人无单放货而无须承担任何责任的风险，因此应当与货代特别约定"承运人应凭正本提单交付货物",该条款可附于对货代的委托书中,也可要求加注于船公司提单之上。对于货代提单,因存在换单的费用以及无单放货的风险,建议出口商尽量使用船东提单,少用货代提单,以确保货款的安全收回。对于电放提单的风险,出口商应在收取货款后采用电放提单会比较安全。在没有收取货款的情况下,尽量不使用电放提单。若采用信用证方式结算,也会因为"电放提单"不符合信用证的单据条款从而构成"不符点"导致开证行的拒付,所以在信用证方式下结算,不应采用电放提单。另外,出口商还应该严格审核提单,鉴别提单真假,预防进口人和承运人勾结,用伪造的提单骗取货款。

(四)加强退运风险控制

退运往往因收货人就质量问题拒收货物而产生,因此加强产品质量控制,或通过第三方检验机构出具报告与客户积极沟通解决质量争议,可以减少退运情况的发生。另外,为防范退运风险,应在交易前了解目的国海关的规定,如退运限制时间及相关文件等,对于退运有限制的国家,尽量采用指示提单,以防止货物无法转卖给其他收货人。若目的国的宏观经济不稳定,或行业价格波动过大,应该避免客户因市场波动造成拒收货物,企业可以采用分批发货的方式,一旦发现客户有拒付或拒收倾向,可以停止发货,避免更大的经济损失。

习题与训练 ‹‹‹

一、单选题

1. 对于外商的来样或来图生产加工订单,外贸业务员需要谨慎对待,防范风险,应了解(   )。

   A. 该订单项下的商品,是否属于法定商检范围

   B. 该订单项下的商品,在进口国进口时的进口关税税率

   C. 该订单项下的商品,在进口国进口时是否需要进口许可证

   D. 该订单项下的商品,是否涉及知识产权问题

2. 在结算方式中,按出口商承担风险从小到大的顺序排列,应该是(   )。

   A. 付款交单托收、跟单信用证、承兑交单托收

   B. 跟单信用证、付款交单托收、承兑交单托收

   C. 跟单信用证、承兑交单托收、付款交单托收

   D. 承兑交单托收、付款交单托收、跟单信用证

3. 按 CIF 贸易术语成交的贸易合同，货物在运输途中因火灾被焚，应由（　　）。

A. 卖方承担货物损失　　　　B. 卖方负责向保险公司索赔

C. 买方负责向保险公司索赔　　D. 买方负责向承运人索赔

二、判断题

1. 海关编码错误若故意挑选低税率编码影响外汇，出口退税管理处申报价格 10% 以上、50% 以下罚款，数量巨大涉及走私移交缉私处理。（　　）

2. 中性包装和定牌生产都容易产生知识产权纠纷，因此在订合同时应明确规定，如果由于商标出现产生纠纷，则由提供商标的一方负责。（　　）

3. 如信用证中注明"检验证书须由开证申请人或其授权者签发，由开证行核实。"属于"软条款"。（　　）

三、案例分析题

1. 俄罗斯于 2018 年 4 月规定自 2019 年起，对商品强制粘贴电子监管标识的总体原则，同时责成确定电子标签项目的执行方。目前，俄罗斯已统一对皮毛制品、烟草、鞋类和药品强制粘贴电子标签。自 2021 年年初，强制电子标签制度将扩展至轻工业产品和乳制品。在强制粘贴电子标签方面，保质期 28 天以上的牛奶和奶油、冰激凌等，将自 2021 年 1 月 20 日起强制贴标；保质期少于 28 天的牛奶和奶油、炼乳、乳浆、黄油、奶酪、奶渣、含乳饮料等，自 2021 年 7 月 1 日起强制贴标；酸奶、发酵乳制品等，自 2021 年 10 月 1 日强制贴标；零售自产乳制品的农户可推迟至 2022 年 10 月 1 日。

问：此政策对于以俄罗斯为主要出口国家的外贸企业有什么样的风险影响，企业该采用如何防范此类风险？

2. 小微出口企业 A 与意大利客户 B 签署贸易合同，向其出口一批为举行某运动会提供的运动装，合同约定的支付方式为 15% 预付，尾款提单日后 60 天支付，最迟出运日期为 10 月 31 日。A 企业于 11 月底才出运货物，货物到港后买方提货。但至应付款日客户 B 仍未支付剩余货款，经 A 企业催收货款，客户才表示出口企业迟延出运给其带来巨大损失，并拒绝支付剩余货款。买方认为 A 企业未按照合同约定时间出运货物，导致其错过运动会举行时间，使合同目的不能实现，造成根本违约；给其带来的损失已经超过需支付的尾款金额，并声称要向 A 企业提出反索赔，拒绝再支付剩余货款。

通过对贸易单证进行审核，其贸易合同中也明确约定了最晚出运日期，但是，根据 A 企业后续抗辩称，迟延出运问题的产生是因为该合同中约定的贸易术语为 FOB，货代的信息需要买方提供，买方在最迟出运日后才告知了货代信息，而且因当时运费较高，买方建议了更晚的船期，A企业也在买方的建议下出运货物并邮件告知买方，买方并未提出异议。因此，A企业认为出运日期的变更已经与买方协商一致，并不存在迟延出运。后经与A企业进一步沟通得知，关于买方提供货代信息及更改船期事宜都是买方电话告知，双方没有邮件往来及其他书面沟通形式。A企业称告知买方出运货物的邮件虽未收到买方回函，但买方已履行提货义务，应按照合同约定时间支付剩余货款。

　　问：在本案例中，出口企业A存在哪些操作失误并分析原因？出口企业A应该采取哪些措施降低风险损失？

　　3. 出口企业F业务员小张同伊朗的客户LBH合作已经3年多，本次交易采用的付款方式都是L/C 180天，伊朗银行的付款都是及时的，因此小张跟此客户做生意很放心。2018年9月底，小张与客户签订了一笔13万美元的出口合同，付款方式依然是L/C180天，开证行是SEPAH银行，10月下旬客户发出货物，并正点交单。按照收款期限，在2019年4月才能到信用证项下的款项。2019年4月，小张突然接到银行通知SEPAH银行受到美国的制裁，美元已不能付出。小张紧急同客户协商，客户表示他可以把款通过其他方式电汇给公司，但是要通知银行取消信用证。经过公司领导的协商，公司决定派小张及另外一名业务员前去客户那里收款，客户给公司预付一部分款项后，公司发出取消信用证的函电，在客户收到函电的同时，由小张监督，客户将尾款在银行付出。通过此种方式，最终公司没有受到损失。请结合案例谈谈如何防范高风险国家的信用证开证行风险？

第五章　跨境电商风险及其防范

【学习目标】

【能力目标】

- 能够识别跨境电商的重要风险，提升风险意识
- 能够分析跨境电商的信用风险、支付风险、物流风险、法律风险等主要风险防控要点
- 能够掌握信用风险、支付风险、物流风险、法律风险等跨境电商主要风险的应对措施

【知识目标】

- 熟悉跨境电商信用风险、支付风险、物流风险、法律风险等主要风险表现形式
- 了解跨境电商B2B模式与B2C模式主要风险的异同

【素养目标】

- 具有互联网思维和国际视野，具有较强的网络安全意识
- 具有数字素养及创新思维
- 具有一定的风险防范意识

<<<<<<<<<<<<< 思 维导图 <<<<<<<<<<<<<<<<<<<<<<<<<<<<<<<<<<<<<<<<<<<<<<<

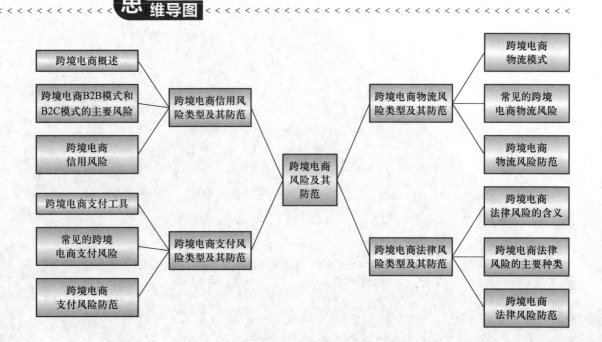

第一节　跨境电商信用风险类型及其防范

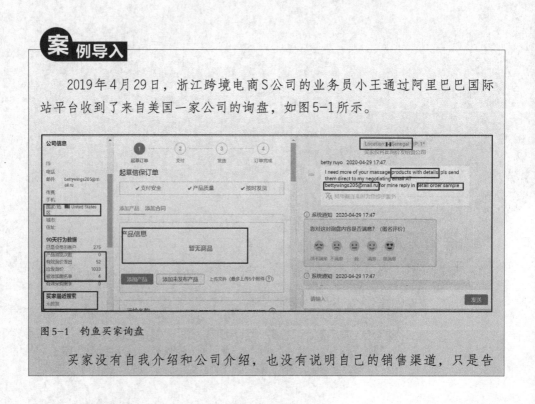

　　2019年4月29日，浙江跨境电商S公司的业务员小王通过阿里巴巴国际站平台收到了来自美国一家公司的询盘，如图5-1所示。

图5-1　钓鱼买家询盘

　　买家没有自我介绍和公司介绍，也没有说明自己的销售渠道，只是告知需要购买产品的意愿，提供了邮箱地址，并且要求卖家把产品信息直接发到对方的邮箱。因为小王才入职不久，平时接到的询盘也不多，就根据客户的要求发了一封公司和产品介绍到客户邮箱。随即客户发来一个链接，告知小王订单信息或者产品信息都在此链接里，要求小王自行下载。因小王没有碰到过这样的询盘，就把该客户的情况向自己的业务经理小李及时进行了汇报。小李知晓后，立即让小王不要打开链接，这个客户很有可能是钓鱼买家。

小李进一步给小王做了分析：

（1）该钓鱼邮件中买家的注册地是美国，IP地址是塞内加尔。注册的国家和IP地址国家不一样，是钓鱼邮件比较典型的表现。

（2）该买家产品浏览次数为0，却直接发出了1085封询盘，而这1085封询盘中有1033封都被标记为垃圾询盘，同时还被添加了4次黑名单，说明买家在过往的询盘中有着严重的不良记录。

（3）买家的有效采购需求为0，说明之前没有经过任何有效采购，并且没有任何产品信息和公司信息，甚至连采购产品都没有明确。

（4）在小王根据要求发了建交函后，客户直接发来资料链接，要求小王点击提取订单明细或者产品定制的相关资料。这种情况若不是大客户，一般就是钓鱼买家的常见手法。假如小王根据客户指示打开链接后，一般会出现一个仿造的跨境电商平台，或者要求输入邮箱账号和密码的操作。假设小王不幸输入了邮箱账号和密码，店铺就被钓鱼买家成功监控，后果不堪设想。

经过业务经理小李的分析后，小王庆幸自己没有轻易点开链接，也深深意识到钓鱼邮件的狡诈与危害。

案 例分析

跨境电商企业通过各类网络平台在线进行网上交易，这一过程在给国际贸易带来巨大方便的同时，由于网络交易的全球性、开放型、匿名性，较传统贸易也产生了一系列的风险。其中，信用风险是跨境电商交易中买卖双方发生频率较高的风险之一。由于跨境电商中的买卖双方分属不同国家，出口商和进口商仅仅通过跨境电商平台来进行资信认定，跨境电商在国际上也没有建立一个统一的信用评判标准，因此从一定程度上给许多企业或个人提供了利用虚假信息进行侵害，骗取资金，进行虚拟诈骗的可能性。本案例就是典型的买家信用欺诈风险的表现形式。

以阿里巴巴国际站为例，图5-2是一个正常的买家询盘信息。

图5-2 买家询盘信息

在本询盘中，客户看过了56个产品，对其中11个产品感兴趣，所以只对这11个产品的卖家发了询盘，并且发出的询盘都没有被卖家标记为垃圾询盘或者添加为黑名单。在买家90天的行为数据中，买家有效采购需求是1，说明之前进行过有效采购。同时在询盘中，买家介绍了自己的公司在德国，销售渠道主要为亚马逊，并询问了订单的流程以及产品的一些细节问题，进一步验证了此询盘非钓鱼询盘。

钓鱼邮件在跨境电商的交易中屡见不鲜，且往往会给卖家带来巨大的危害。当卖家打开钓鱼链接并且输入账号和密码后，钓鱼人就可以监控店铺账号，窃取店铺客户信息或者其他信息，甚至给卖家造成直接的经济损失。

因此，学会识别钓鱼邮件和买家，是防范买家欺诈的关键。业务员首先需对询盘进行简单的分析，看一下买家的基本资料和询盘内容是否符合正常询盘的邮件特点。若在此阶段买家伪装性比较强，到了第二阶段买家发来链接后，需要提高警惕，千万不要随意打开链接，可回复买家链接打不开，请他以附件的形式发放订单信息或者产品定制信息。若无意打开了链接，千万不要轻易输入任何账号和密码，避免钓鱼买家钓鱼成功。最后，若已被钓鱼买家成功钓鱼，为了阻止更大的损失，可以选择弃号或放弃店铺。

一、跨境电商概述

（一）跨境电商的含义和种类

1. 跨境电商的含义

跨境电商指分属于不同关境的交易主体，借助计算机网络达成交易，进行支付结算，并采用跨境物流将商品送达消费者手中的交易过程。因此，跨境电商是电子商务在进出口贸易中的应用，是传统国际贸易商务流程的电子化、数字化和网络化。

2. 跨境电商的种类

跨境电商按交易主体类型不同，可以分为B2B（Business to Business）、B2C（Business to Consumer）、C2C（Consumer to Consumer）三种类型。其中B2B和B2C是最主要的交易类型。

（1）B2B（Business to Business）模式是指进出口企业通过第三方跨境电商平台进行商品信息发布并交易，其中买卖双方均是企业用户，买方不是终端消费者。目前，B2B模式是我国规模最大、中小企业参与度最高的跨境电商模式，目前国内代表平台主要有阿里巴巴国际站、中国制造网、环球资源网。

（2）B2C（Business to Consumer）模式是指进出口企业与海外最终消费者（含小额买卖的B类商家用户）利用第三方跨境电商平台完成在线交易。消费者通过网上选购、网上支付，企业通过线下物流将货物交付最终消费者。目前的代表平台主要有亚马逊（Amazon）、Ebay、速卖通（Aliexpress）、敦煌网（DHgate）、Wish等。

（二）跨境电商与传统国际贸易

跨境电商与传统国际贸易模式相比，突破了传统国际贸易地域范围的限制，受贸易保护影响小，涉及的中间商少，价格低廉，利润率高；但同时因其网络销售的特点，也存在明显的通关、结汇、退税障碍，以及贸易争端处理不完善等劣势。

（三）跨境电商与电子商务

跨境电商与国内电子商务相比，由业务周期差异、交易主体差异、适用规则差异引起的问题也是交易风险来源之一。此外，跨境电商受国家政策影响较大。政治和政策风险主要来自各个国家在经济、政治、贸易争端、贸易政策上的规定，特别是跨境电商政策的变化造成的不确定性风险。以我国为例，国家对于跨境电商的政策经历了从积极鼓励、放开扶持到有序监管、严格审核的过程。本国及其他国家贸易政策的变动直接影响了跨境电商行业的发展规模与速度。

二、跨境电商B2B模式和B2C模式的主要风险

跨境电商在蓬勃发展的同时，需认真应对跨境电商的风险，并做好相应的风险防控和管理。

跨境电商B2B模式和B2C模式主要风险类型的比较如表5-1所示。

表5-1 跨境电商B2B模式和B2C模式的主要风险类型

项目	跨境电商B2B模式	跨境电商B2C模式
信用风险	供应商、商家、平台、买家	供应商、商家、平台、买家
物流风险	与传统国际贸易的物流风险相似	买家拒货风险大、进口国清关风险大、破损率增加
支付风险	线上第三方支付平台风险、线下传统国际贸易结算工具风险	以线上第三方支付平台风险为主
法律风险	知识产权风险、商务纠纷、走私风险	知识产权风险、跨境政策风险、走私风险

由此可见，跨境电商B2B模式的风险更接近于传统国际贸易的风险类型，但在支付和信用方面，由于通过网络销售的缘故，较传统国际贸易增加了由跨境电商平台产生的风险。跨境电商B2C模式的风险从物流方面看，是由于产品直达终端消费者，而不是行业买家，消费者对产品的清关手续不熟悉，会加大买家的拒货风险。同时包裹量的大大增加，也会增加运输破损的概率；从支付方面看，消费者主要以线上第三方支付平台为主，因此信用卡欺诈、PayPal账户冻结、支付失败等问题的产生频率会加大，从法律风险方面看，B2C模式的商务纠纷较多，但是相较于跨境电商B2B的商务纠纷危害较小，处理起来会更加简单，如退货、退款等。此外，跨境电商B2C模式较新，很多政策在不断变化中，也容易引起由于政策变化导致的法律风险，如关税风险等。

三、跨境电商信用风险

跨境电商信用风险从商家的角度而言，主要来源于供应商和买家。

（一）跨境电商供应商信用风险

1. 跨境电商供应商信用风险的类型

跨境电商的贸易从业门槛低，很多供应商为中小型制造企业，在产品制作能力和生产管理水平上处于较低的水平，在商业道德上自我要求不高。常见的跨境电商供应商信用风险的类型有：

（1）网络售假。很多企业长期处于产业价值链下游，只能依靠降低价格，牺牲利润来获取市场份额，维持自身运营发展。因此，为了获取更多的利润，某些商家会故意在原材料或其他方面以次充好，牺牲产品质量换取利润，欺诈消费者，更有甚者在无品牌授权的情况下，售卖假货，蒙骗消费者。

（2）虚假发货。虚假发货是指交易状态为买家已付款、等待卖家发货的情况，卖家在系统中点击了发货，并输入快递单号，但快递单号一直无录入跟踪记录的情形。一般引起这种情况的原因除了物流公司的问题外，主要是卖家没有真实发货或延迟发货导致的。

（3）仿冒产品。部分企业自主创新能力低，产品研发投入少，更新慢，很容易仿冒其他品牌的产品，或者盗用其他品牌的产品图片。由侵犯知识产权带来的信用风险，不仅有可能让商家关店，而且有可能导致高额赔款。

（4）数量虚报。实际发货数量与下单数量不符，超出数量机动幅度范围。

（5）大货欺诈。样品制作良好，大货质量与样品质量不符，次品概率高。

2. 跨境电商供应商信用风险防范

（1）针对这些信用问题，跨境电商在选择供应商时要全面审核供应商的资质，如售卖品牌商品的授权资质或专利证书，以及市场信誉、行业口碑。

（2）可通过试单了解供应商真实的产品质量和生产能力。

（3）在采购合同中要列明货物明细、款式、颜色、尺寸、包装方式，特别是违约责任，一旦发生纠纷，便于维权。

（二）跨境电商买家信用风险

1. 跨境电商买家信用风险的类型

跨境电商另一个信用风险主体为买家，也就是客户。常见的客户信用风险的表现形式有：

（1）钓鱼邮件。如某公司一个业务员在钓鱼链接中输入了自己的工作邮箱账号和密码，被钓鱼人监控后，直接把业务员发给客户的付款发票拦截了下来，并把收款账号篡改成了钓鱼人自己的账号，然后再发给客户。客户在不知情的情况下直接按照发票来付款，结果预付款就直接付到了钓鱼人的账号上，造成了客户和公司的经济损失。

（2）垃圾询盘。有一些买家经常发了询盘，问了价格，当卖家回复价格后就没有下文了，这种情况一般就会被卖家标记为垃圾询盘。还有一种情况，买家想要做某个产品全方位的调查，他们会做好一个询问模板，然后同时发给多个卖家。每个卖家会花费很多时间来准备资料，然后回复买家的问题，之后买家就杳无音讯了。这样的询盘也有极大的概率被标记为垃圾询盘。

（3）骗取样品。一些买家其实是消费者，但是他们会伪装成专业买家，告诉卖家订单数量会很大，让卖家先安排免费样品检查质量，然而买家收到免费样品后就没有下文了。还有一些买家有固定的供应商，无意下单，但为了获得新的设计，骗取样品后发给合作供应商仿冒生产。

微课：跨境电商信用风险主要表现形式

（4）恶意退货。恶意退货往往出现在高价值货品卖家自发货的情况下。申诉卖家以次充好，通过货品调包，将假货或者次品退回商家。

2. 跨境电商买家信用风险防范

针对客户的信用风险，商家需做好以下防范工作：

（1）通过询盘中买家的基本信息，对买家做初步判断，与买家沟通，了解买家是否有真实的购买意图，做好买家的背景调查。

（2）提高鉴别钓鱼邮件的能力，保护好店铺账号密码。

（3）如果买家主动要求免费样品，需调查买家背景。尽量要求买家通过预付样品费，下单退还的方式进行处理。

（4）要注意及时跟进物流情况，防止买家谎称未收货，或货物破损要求退换货的问题。

（5）与买家沟通的过程和结果需要有书面记录作为凭证，后续如果发生纠纷，留下证据。

微课：跨境电商信用风险的防范要点

第二节　跨境电商支付风险类型及其防范

案 例导入

2019年10月，浙江跨境电商A公司通过阿里巴巴国际站的店铺与来自肯尼亚的B客户进行了多轮磋商，最终与客户商定，B客户从A公司采购900双童鞋，共计3 520美元。A公司按照商定的结果，将PI（形式发票）做好发给B客户，B客户确认后，A公司在阿里巴巴国际站起草了信保订单，等待B客户支付货款。

11月6日当天，B客户开始第一次支付，但支付失败。当天咨询了平台客服人员，建议客户换成Visa或者Mastercard信用卡。次日，B客户换成Visa信用卡发起了第二次支付，但是还是失败。客服告知有可能因持卡人异地支付，属于异常情况，建议客户让在家的朋友帮忙支付。第三日，B客户第三次发起支付，让朋友使用Visa卡在肯尼亚发起支付，但还是失败了。客服告知有可能是系统误判了持卡人的资信问题，建议客户拿卡去银行办理相关手续，以防止系统误判。

因多次支付失败，B客户很不解，非常生气地告知A公司取消订单。A公司向B客户解释了平台支付的防控问题，但是B客户因嫌支付过程过于复杂，耽误订单时效，还是决定取消订单，并表示不再从A公司订购商品，从此失联。

案 例分析

跨境电商支付是指为不同国别的交易双方提供基于互联网的在线支付服务。在传统贸易货款的支付中，主要包括汇付、托收和信用证三种模式。而跨境电商的支付除了沿用传统的商业银行汇款模式外，第三方支付机构参与下的互联网支付模式逐渐成为跨境电商国际结算的主流支付工具。跨境电商支付机构根据经营模式不同可以分为线上模式和线下模式两类。跨境电商B2B业务主要通过"线下模式"，主要涉及信用证、银行转账、西联汇款等，跨境电商B2C业务主要通过"线上模式"完成，如信用卡、PayPal等第三方支付平台。不同的交易平台和交易主体会结合自身的特点选择合适的跨境支付方式。

如阿里巴巴国际站的信用保障支付就是该平台专门的支付体系。阿里巴巴国际站信保订单可以为卖家提供信用背书，担保交易安全，快速促成交易，且手续费较低。但是该支付体系换到其他B2B平台就不适用了。目前信保订单可以接受6种途径的付款，客户使用比较多的是Visa、Master Card、Online Bank Payment、T/T、West Union 5种支付途径。但是这些支付方式都有一定的限制。比如通过信用卡进行支付，一些非洲国家很容易支付不成功，因为非洲国家信用卡持有人的个人资信低的情况比较多。此外，Online Bank Payment比较适合欧洲及美国的客户，其他国家的用户有很多无法通过Online Bank Payment完成支付，而West Union只适用于美国部分地区的部分用户。

本案例中问题的出现就是阿里巴巴国际站信保订单非洲客户无法完成跨境支付，导致取消订单的风险。对于客户在支付中产生的问题，建议卖家在信用卡支付前先确定买家的信用卡是否为Visa或者Master Card的信用卡，因为目前国际在线接受这两种信用卡支付，同时需要确保客户是在自己的国家支付，如果异地支付，有可能被系统判定为异常，支付不成功。另外，还需要确保客户的资信是没有问题的。该客户因为来自非洲，导致屡次线上支付不成功时，应及时提醒客户转变支付方式，考虑线下传统支付方式（如银行汇款），以免因为支付问题丢失订单。

一、跨境电商支付工具

货款支付是跨境电商经营过程中的关键环节，涉及国际金融、外汇管理、网络技术等领域，不确定性因素多，复杂程度高。如何安全收汇也是众多跨境电商企业的核心问题，因此跨境电商支付风险的防范非常重要。

目前常见的支付工具有：PayPal，信用卡、Payoneer、支付宝、电汇、西联汇款。其中线上模式以PayPal和信用卡的使用频率最高，线下以传统电汇为主。

PayPal是支持全球190多个国家和地区，24种货币的在线支付工具，是美国Ebay旗下的支付平台，国际知名度较高。国外买家使用率占80%以上。因此PayPal目前是小额跨境贸易工具中最主要的付款方式。但是PayPal手续费较高，外币提现为人民币的手续较复杂，PayPal账户对卖家利益不太被保护。在遇到卖家PayPal账户资金出现异常波动或者电商被投诉等情况时，可能暂时或者永久冻结其PayPal账户内资金，以保证交易安全或者账户内资金安全。2015—2016年因为知识产权侵权问题，PayPal冻结了大量中国卖家的账户。部分商家因为没有对知识产权诉讼积极应诉，PayPal账户清零，遭受巨大损失。

信用卡是欧洲和美国买家主要的付款方式，拥有庞大的用户群体。在欧洲和美国信用卡是链接个人信用资料的，所以信用卡的方式也是非常安全的付款方式。现在基本所有的跨境电子商务平台，通过Visa和Mastercard合作，都可以通过信用卡支付。但是国际信用卡的收款比较麻烦，且需要预存保证金。信用卡的风险主要在于客户的退单和信用卡的诈骗行为。

电汇是传统B2B付款的常用支付工具，在跨境B2B模式中应用较广，适用于大额的交易付款。电汇收款迅速，安全性高，但是因买卖双方都需要支付手续费，成本较高，操作不如线上支付便捷。其主要风险是客户付款水单造假。

二、常见的跨境电商支付风险

（一）跨境支付欺诈风险

目前通行的互联网支付方式大致可以分为凭密支付和无密支付，凭密支付一般需要发卡行、收单行等多方验证及支持，成功授权的失败率比较高，尤其是在美国等传统习惯于无密支付的国家，授权失败率高达50%。为了减少授权失败率，提升用户的支付体验，大多数跨境电商企业倾向于无密支付，用户只需输入卡号，有效期及CVV2即可完成支付流程。除了调高了支付的成功率，也方便了犯罪分子的交易欺诈。如使用信用卡支付，会出现信用卡持卡人恶意透支导致订单款项收不回。

此外，不同于境内支付交易，跨境支付交易过程中发生的大多数欺诈交易的追溯流程需要经历的路径也非常长，往往要两到三个月才能判定一笔交易是否属于欺诈交易。

（二）跨境支付交易风险

因为跨境支付的整个交易流程涉及各方主体，所以跨境支付的交易风

微课：跨境电商支付风险的主要表现形式

险也一直是跨境支付的重要风险之一。跨境支付的交易风险主要分为以下两类：

1. 第三方支付机构本身不合规交易带来的交易风险

因为目前第三方支付机构在法律法规上的监管滞后，导致第三方支付机构可能会为了追求利益最大化，省去没有规定但却有一定成本的工作流程，而采用成本较低的方式来审核客户的身份信息。这在一定程度上会造成主体身份的虚假信息泛滥，增加跨境支付的交易风险，并且境内外个人也可能会趁机以服务贸易或虚假货物贸易的方式来转移外汇资金来逃避外汇管理局的监管。

2. 用户遭遇的交易风险

用户遭遇的交易风险的主要表现形式为：

（1）支付不成功。导致这个问题产生的原因一般是计算机系统。平台的安全支付系统会拒绝某些支付风险比较大的账户付款，因买家无法支付货款，会导致卖家被迫取消订单的经济损失。

（2）扣款和退款。导致这个风险出现的原因主要是商务纠纷，可能是产品质量问题，也可能是包装问题，或者是货物短装或者交期延误问题，导致平台扣款，买家退款。

（3）不支付尾款。这个风险一般是买家故意要赖或者是被动破产无法支付。这种风险主要产生于客户的信用问题。

（4）交易过程风险。境内消费者将面对个人隐私信息被窃取、账号被盗、银行卡被盗用、支付信息丢失等情况。

（三）跨境支付资金风险

上述提到的PayPal账户冻结就属于跨境交易的资金风险。当发生知识产权纠纷或交易纠纷时，卖家的资金往往会很快被跨境电商平台冻结，然而由于这些平台在中国没有合适的法律主体，中国卖家要向平台申诉还要赴海外聘请当地律师。从众多中国中小卖家的角度出发，他们既没有时间，也没有精力来承担相应的上诉流程，并且严格上讲，这些账户被冻结的跨境电商卖家的知识产权确实是有瑕疵的，因此没有积极应诉，最终导致账户资金安全受损。

很多跨境电商平台都以买家利益保护为主，比如买家提出纠纷，商家涉嫌售卖山寨产品，并被原产品卖家找到足够的证据，原产品卖家有权申请冻结账户。山寨产品卖家的账户若在收款后很久不发货，有可能会被买家投诉，账号被投诉的次数多了，也就会导致资金账户被冻结。卖家的IP地址经常更换或突然把第三方支付账户的全部余额提现等也会造成账户被冻结，因为系统会担心有洗钱的风险。

（四）跨境交易汇率风险

跨境电商涉及外币交易和结算，因支付和收款时间差异产生汇率波动，会导致订单利润变化。如买家通过第三方支付平台进行货款支付，支付资金从买家经第三方支付机构建立的专门平台流向卖家。但是通常平台只有在收到买家确认货到通知后，第三方才会支付资金给卖方，因此资金会在第三方平台的境外业务中停留两到三周，在这段时间差中可能会产生汇率变动，会给跨境电商企业带来风险。此外，物流配送环节周期过长，期间发生的汇率波动也会产生汇率风险。

三、跨境电商支付风险防范

针对跨境电商的支付风险，跨境电商企业最重要的是搭建内部支付风险管理体系。通过提高防范意识，梳理支付审核流程，建立数据监控，保护信息安全，增强反欺诈能力等措施来降低支付风险。

（一）熟悉平台规则

跨境电商企业在日常经营过程中，应该持续学习平台的规则和条款，关系到支付安全的条款要对业务员做好培训。

（二）严格审核买家资信

如卖家可以通过平台分析买家的购买行为和购买意图，验证收货地址，或通过平台查询商家的信誉等。对于订单量大的客户，不能掉以轻心，对于老客户，谨防"杀熟"风险。

（三）梳理安全防范意识

双方交易时要有网络安全防范意识，要警惕未知程序，不随意登录未知网站，不随意点开未知链接，定期对企业计算机系统进行杀毒。

（四）对订单进行投保，保障卖家利益

部分跨境电商平台为了保护卖家利益，已与保险公司联合推出了"跨境订单保"，因描述不符，订单延误，货物破损导致的卖家订单损失，都可以通过"跨境订单保"进行理赔，大大降低了由于商务纠纷引起的扣款、退款风险。此外，目前中国出口信用保险公司正在联合外贸综合服务平台，开展为跨境电商企业出口提供"申请授信—国内采购—报关出口—国际物流—信保融资—结汇退税"的全流程外贸综合服务，帮助解决买家的资金风险。

（五）积极应对因侵权导致的资金风险

跨境电商企业需合规经营，尊重知识产权，远离侵权产品。若因侵权被投诉，应立即停止销售被控侵权的商品，通知第三方支付机构保证账户安全，同时聘请合适的律师处理案件，提出诉讼方案。在诉讼期间积极调解，争取尽快达成调解方案，保障账户内资金重新有效运转。为了防止大量资金

微课：跨境电商支付风险的案例和防范要点

被冻结,对于第三方支付账户中的资金,可定期提现,对自身利益做最大保护。

(六)利用金融手段,防止汇率风险

跨境电商企业可以在经营中通过利用金融手段以及汇率管理工具对汇率风险进行主动管理,避免减少汇率波动。如采用套期保值的方式,包括外汇远期、掉期等,根据当前市场价格锁定未来外汇成本,消除不确定性,从而规避因汇率波动对企业所造成的影响;采用金融衍生工具,如外汇期权和期权组合产品,从而提高企业进行外汇风险对冲的灵活性。

第三节 跨境电商物流风险类型及其防范

案 例导入

2019年8月,杭州跨境电商Y公司与来自意大利的Z客户签订了贸易合同。合同的产品为厨房用的削皮刀组件,共2 000套,贸易方式是DDU,订单总金额为$3 239。2019年9月,Y公司顺利完成货物生产后,委托之前的货代公司进行海运发货。但是当货物运到意大利热那亚港口准备清关时,海关声称因为削皮刀直接接触食物,进口该产品需要出具卫生证书(Sanitary Certificate),无法办理清关。因为Y公司是第一次出口意大利,也不知道意大利海关对于此类产品有此资料要求,于是立即联系了Z客户,希望Z客户在当地自行申请。Z客户尝试在意大利当地补办一个卫生证书用于清关,没有成功。因意大利海关不允许该批货物做丢弃处理,最后Y公司不得不以支付运费3倍的运费价格退回国内。因这批削皮刀Z客户是作为圣诞期间的特价商品供于超市客户,为了维护超市客户关系,避免临时取消订单的高额罚金,Z客户不得不在当地高价采购了相同的产品进行供货。因为Y公司的这次失误,与Z客户的合作也从此中断。

案 例分析

由于跨境电商的交易双方分属不同国家,商品需要从供应方所在国家通过跨境物流方式实现空间位置转移,再到需求方所在国家实现物流配送。较之国内物流,跨境电商整个货物运输过程长,涉及范围广,有很多不确定性因素,还要考虑不同国家物流运营环境的差异性,增加了跨境电商物流运作的难度和复杂度，货物的安全风险很高。此外，与传统国际贸易物流相比较，跨境电商要求物流信息实时更新，同时"多品种、小批量、多批次、短周期"的运营模式对物流的响应速度和形式多元化也提出了更高的要求。

跨境电商物流可以分为发出国国内段物流、国际段物流及目的国国内段物流三段。在整个流程中，常见的跨境电商物流风险有货物或包装的遗失或破损、目的国清关问题、目的国物流配送问题三大风险类别。本案例属于目的国清关问题。

因Y公司第一次出口意大利，在出口之前应充分了解目的国海关对产品的资料要求。可以通过与客户的沟通了解所需资料的情况。若客户对此也无经验，则最好寻找对出口意大利有足够经验的货代公司咨询了解。有经验的货代公司能帮助卖家规避很多风险。这样可以在出货前准备好所在国进口此类产品所需要的全部资料。同时要确保单据和货物完全一致。若货物在目的国海关被查验，单据和货物出现不一致，极有可能导致无法清关。本案例中Y公司正是疏忽了清关资料的准备环节，导致订单的丢失。

一、跨境电商物流模式

目前各个跨境电商平台的物流模式主要有邮政小包、国际快递、国际物流专线、海外仓、边境仓、保税仓、集货物流七种模式。其中邮政小包、国际快递、海外仓、保税仓四种模式为主要模式。

跨境电商B2B模式和B2C模式下物流模式的选择如表5-2所示。

表5-2　跨境电商B2B模式和B2C模式下物流模式

交易模式	贸易方向	可选择的物流模式			
B2B	出口	海外仓	集货物流	国际物流专线	
	进口	保税仓	边境仓		
B2C	出口	海外仓	邮政小包	国际快递	集货物流
	进口	国际快递	邮政小包	保税仓	

二、常见的跨境电商物流风险

（一）包装破损

包装破损主要发生在货物的外箱。有可能在运输过程中有尖锐物体碰撞或者是本身相互碰撞，产生了包装破洞，或者由于外箱装得太满，运输过程中过于暴力搬运造成破损，或者由于其他类似受潮等问题引发的整个包装散架等情况。

微课：跨境电商物流风险的主要表现形式

（二）货物破损或遗失

货物由于包装不够牢固，或在运输过程中转运过多，或暴力搬运，使货物在运输过程中全部或者部分毁坏。另外有些货物不能受潮，如纺织服装类产品。如果本身没有做好防潮处理，很容易造成货物受潮损坏。货物遗失有可能是整箱货物遗失或者整批货物遗失，主要由运输公司的运输事故造成，同时和当地物流的发达程度也有关联。在一些经济发达国家，货物破损或遗失的概率较低。在一些欠发达国家，因物流问题造成的货物破损或遗失的情况发生的频率较高。

（三）海关没收查验

商家在国内海关查验方面容易出现的问题主要有三个：一是假冒产品，二是海关禁止出口的产品，三是冲关问题。主要指的是商业快递，有些商品是需要商检的，有些货运代理会建议商家虚报货值、货量较大商品的品名和价格冲关，一旦被海关查出，货物将会被退回，严重的将被罚款。商家在目的国海关通关时经常会出问题，导致无法顺利清关。最常见的就是不了解该类产品目的国进口海关的资料要求，如资质证书等。各个国家，甚至各个港口海关政策不尽相同，若委托的货代不甚了解，很容易发生货品无法清关，长时间滞港的风险。

此外，2018年美国、日本、德国等国家出台针对整个电商行业的税费调整新政，随后马来西亚、肯尼亚、印度等新兴市场也针对国外进口货物相应提升税费。在这样的局势下，面对在跨境物流环节，部分买家存在不愿清关、买家国家限制进口产品、申报价值与实际不符、货物需要退回、当地弃件及销毁等情况，这些在跨境电商物流当中都是较为常见的关务风险。

（四）未通过航空安检

危害航班干扰信号、易燃易爆产品、涉嫌假冒伪劣的产品都无法通过航空安检。因此，商家运输货物中如有危险品，要做好危险品证明，并在航空公司备案；如有电池类产品，要做好MSDS证明；避免涉嫌假冒伪劣的产品。

（五）目的国配送问题

由于配送地址不准确或不健全，收件人联系不上，在B2C模式下，消费者可能因不了解跨境物品需交关税而拒货等都会造成产品最终配送不成功。

（六）目的国突发事件问题

由于目的国突发事件的发生，导致物流不能顺利发货或配送。比如当地突然遭受恶劣天气，冰雹、大雪导致封路；目的国政变，内战爆发；目的国发生重大疫情，如2020年暴发的新冠疫情。在新冠疫情被世界卫生组织列为"国际公共卫生紧急事件"，严重影响了跨境进出口商品的时效性。

微课：跨境
电商物流风
险的案例和
防范要点

三、跨境电商物流风险防范

（1）根据买家和目的国的包装要求及商品特性提醒供应商做好包装。如服装纺织类的货物，最好外箱里面再加一个塑料内袋，用于防潮。包装本身要结实，如瓦楞纸箱至少五层以上并且打包带，可以有效防止包装在运输过程中破损。

（2）根据产品特性和目的国要求，做好包装标志，主要包括运输标志和知识标志，便于运输人员识别。货物的唛头按照国际标准化组织的要求规范书写。

（3）物流模式的选择要灵活、恰当。对于速度要求高的产品，可以选择商业快递。商业快递费用高，可以全程追踪，在5~7天到达目的地，丢包和客户撤销付款的风险小。在速度要求不高的情况下，可以选择航空小包。航空小包可以发2千克以下的货物，特点是便宜、方便，全球通邮，价格统一，但时效不稳定，更新信息慢，丢包和客户纠纷风险大。

（4）选择经验丰富的货运代理公司。一个靠谱的货运代理公司可以帮助商家解决很多问题。货运代理公司的选择主要从价格、信誉、业务水平、业务范围和航线优势等方面进行比对，可以在行业内了解货运代理公司的口碑。

（5）发运前与客户确认进口资质是否齐全，确认客户所在进口国该类产品所需要的全部资料，事先做好准备。尽量避免涉嫌侵权仿牌产品，如实申报产品价值，申报品名要尽量详细，避免只写"礼品""配件"。确保报关单据和货物完全一致。

（6）寄送前和客户确认清楚收件地址、收件人和联系方式。及时跟踪物流信息，若发生配送不成功的情况，及时联系物流处理，避免滞港或滞留仓库时间过长，产生费用，甚至被迫退运。

第四节　跨境电商法律风险类型及其防范

案例导入

　　2019年6月，义乌一家制作儿童书包的E公司在速卖通平台收到了来自美国F公司的询盘。美国F公司发给E公司一张儿童书包的图片，询问E公司是否可以提供一模一样的书包。

　　若可以提供，F公司要求提供样品确认质量。若质量没问题，预计下单

100个，总金额1 150美元。虽然该儿童书包的设计与英国的IP动漫形象小猪佩奇图案相近，但E公司考虑到下单数量多，又是新客户，急于拿下订单，就向F公司表示可以提供。样品加运费共约30美元。因为样品的金额太小，F公司提议用PayPal付款更方便快捷。E公司答应了F公司的要求。但是在F公司支付完样品费用后大约三天，E公司收到了一封邮件，声明是美国的一家律师事务所，受美国某专利权人的委托对E公司生产的儿童书包外观侵权进行了投诉，并且投诉成功，申请了临时限制令Temporary Restraining Order（TRO）。该律师事务所已经冻结了E公司的PayPal账户。E公司只有对专利权人进行赔付后方可解冻。经双方多次协商后，E公司同意将PayPal账户内的金额赔付50%，共计6 145美元，该专利权人才撤销投诉。

案 例分析

在国际贸易中，由于贸易行为是跨越国境的，各国的政策、国际环境等在很多时候是不可预料的，因此从合同的建立到运输、保险、支付等环节，企业在国际贸易中的法律风险贯穿于国际贸易的始终。而跨境电商的法律风险不仅涉及网络交易的法律法规，也涉及不同国家的法律体系，不同的法律领域，情况较国内电商更为复杂。

本案例中E公司被钓鱼买家F公司引诱侵犯了外观专利，导致PayPal账户被冻结，遭遇了经济损失。

各大跨境电商平台都非常重视知识产权的保护，严格规定不得利用网站服务从事侵犯他人知识产权的行为，包括：

（1）在所发布的商品信息、店铺或者域名中不当使用他人商标权、著作权等权利。

（2）发布、销售商品时不当使用他人商标权、著作权等权利。

（3）所发布的商品信息或者所使用的其他信息造成用户混淆或者误认等情形。

（4）未经著作权人许可复制其作品并进行发布或者销售，包括图书、音像制品、计算机软件等。

（5）发布或者销售未经商品来源国注册商标权利人或者其被许可人许可生产的商品。

针对平台对知识产权的保护，跨境电商出口商家要特别提防利用知识产权引诱商家违规的钓鱼买家。以速卖通平台为例，目前速卖通钓鱼买家以美国律师事务所的钓鱼买家为主，例如GBC（Greer Burns & Crain Ltd.）律所，

Stephen M. Gaffigan律所等。他们会通过举证卖家侵权的证据来发送临时限制令，以敲诈高额赔款。临时限制令（Temporary Restraining Order）是一项紧急禁令，权利人可以从美国法院取得该禁令，因为该方迫切需要保护其知识产权，需要立即停止侵权行为，冻结涉嫌侵权人的资产。原告必须以宣誓承诺书的方式证明它会遭受"直接和无法挽回的伤害、损失或损害"。这些宣誓承诺书可能包括原告知识产权的文件，购买测试的结果，以及涉嫌侵权的案例。钓鱼买家进行钓鱼执法，就是为了获得卖家侵权的证据以取得临时限制令。钓鱼买家的账号收货地址以纽约居多，通常会询问产品是否带有大品牌Logo，或者直接购买以获取证据，订单数量少并主动要求使用PayPal付款的手法，或直接发送临时限制令的邮件。取得证据后，下一个动作就会直接冻结卖家的PayPal账号，走法律程序，发送律师函。

对于钓鱼买家，商家需要采取以下措施予以防范。首先提高警惕，对钓鱼买家有警觉意识，对疑似钓鱼买家账号谨慎回复。其次不售卖侵权产品，尤其是一些大品牌商标或图案的产品，不给律所钓鱼的机会。最后需要关注跨境电商平台信息，平台规则会不定期更新，作为卖家一定要及时关注，提前防范。

如果不小心被钓鱼成功并发送了临时限制令，商家首先一定要对代理律师进行邮件回复，发送准确地址，要求对方寄送正式的法律文书，且拒绝审判前承认的违法行为，然后向PayPal发送律师函，要求PayPal公司保护账号安全，声明如果因为随意冻结或转移账户款项而引发损失，会向PayPal公司提出诉讼，从而向其施加压力。由于钓鱼律所一般是以广撒网的方式向中国卖家提起控诉，因此以上两步可以极大地缓解商家的压力，提高对方的诉讼成本，甚至迫使钓鱼律所放弃控诉。在两端回复之后，商家可以等待文书。若钓鱼买家没有获得实际证据，则无法获得正式法律文书。如果律所要求和解，商家首先需要委托代理律师了解案件情况并评估和解金，同时联系原告律师谈判和解，原告通常会根据被冻结的资金账户中的金额约定赔偿金。当被冻结金额为5万美元以上时，商家可以先尝试和解，但是若和解条件过于苛刻，和解金额过高，可考虑应诉，法院可能会将赔偿金降至合理金额。

一、跨境电商法律风险的含义

跨境电商的法律风险指在跨境进出口业务中，由于没有遵守国际贸易和网络贸易的相关法律规则（如法律、法规、规章、国际条约、惯例等）的规定，而遭受各种不利后果（如法律制裁、处罚以及损失等）的可能性。由于跨境的交易链条长且不稳定，在整个交易过程中出口企业极有可能遭遇法律风险和诉讼威胁，蒙受较大损失。

二、跨境电商法律风险的主要种类

跨境电商法律风险主要表现在三个方面：知识产权风险；货物税收风险；走私风险。

（一）知识产权风险

知识产权风险是跨境电商法律风险中最常见的风险，主要包括商标权、专利权以及著作权。

商标权是指商标使用人依法对所使用的商标享有的专用权利。商标可以转让，转让注册商标时转让人和受让人应当签订转让协议，并共同向商标局提出申请。跨境电商的商标侵权主要体现在：产品的图案或者组成要素使用他人的商标；上传图片时标题或者描述等文字性内容出现他人商标；图片中出现他人的商标。目前，品牌商标侵权违规的情况主要是知名品牌和大IP形象。前述钓鱼买家案例就是商标权的品牌商雇人在电子商务平台上购买中国卖家涉嫌侵犯知识产权的商品，在购买过程中形成买卖双方的聊天记录、商品图片等材料，并获取中国卖家的PayPal账户名称。品牌商继而委托知识产权律师，以上述聊天记录、商品图片等作为证据材料，向美国地区法院提起知识产权诉讼，要求法院下达冻结可能侵犯知识产权卖家的PayPal账户的指令。

专利侵权行为是指在专利权的有效期限内，任何他人在未经专利权人许可，也没有其他法定事由的情况下，擅自以营利为目的实施专利的行为。跨境电商专利侵权主要体现在：产品本身的外观设计雷同于其他专利人；产品的某些功能雷同于其他专利人。

著作权包括著作人身权和著作财产权。著作人身权包括发表权，即决定作品是否公布于众的权利；署名权，即表明作者身份，在作品上署名的权利；修改权，即修改或者授权他人修改作品的权利；保护作品完整权，即保护作品不受歪曲、篡改的权利。著作财产权是作者对其作品的自行使用和被他人使用而享有的以物质利益为内容的权利。通过以下方式获得经济效益：复制、翻译、改编、表演、广播、展览、拍制电影、电视或录音等。跨境电商著作权侵权主要体现在未经著作权人许可，擅自在店铺主页或详情页中使用（包括二次编辑）他人的原创性图片、文字、视频。

（二）货物税收风险

税收政策直接影响跨境电商的发展。跨境电商进口涉及行邮税、或"关税＋增值税＋消费税"等税收问题。跨境电商出口涉及出口货物增值税和消费税的退（免）优惠，即出口退税问题以及目的国的税收政策问题。无论是

微课：跨境电商法律风险的主要表现形式

跨境电商进口还是跨境电商出口，税收将导致经营成本增加，利润稀释，价格优势丧失，市场竞争能力削弱。

财政部、海关总署、国家税务总局于 2016 年 4 月初，出台"自 4 月 8 日起实施跨境电商零售进口税收新政策"，简称"新政"。新政的实施，意味着我国跨境电商进口的"政策红利"终结，对众多跨境电商商户而言，直接风险为成本增加，商品售价提高，利润摊薄；间接风险为面临经营产品结构调整带来的市场风险，原有的低价爆款商品面临税收成本的大幅提升而无法经营。

2018 年，英国、德国、法国、意大利、西班牙、瑞典等国家要求亚马逊跨境电商商家以 FBA 方式销售产品，必须提供增值税号，申报缴税。近千个亚马逊德国店铺因未提交 VAT 税号被关闭，也有卖家账户中的数十万欧元资金及库存被冻结。

2019 年 1 月 1 日起实施的《中华人民共和国电子商务法》规定，电子商务经营者应当依法办理市场主体登记并依法履行纳税义务，也给之前钻国家征税漏洞的不少跨境电商商家敲响了警钟。

（三）走私风险

走私是指非法运输或者携带金银外币货物等进出国境的行为。正常的出口商不会主动走私货物，都会按照正常的流程通过海关申报货物正常出口。但某些跨境电商商家为了逃避关税，选择低报价格、化整为零、伪报品名等方式走私自营货物，此种情况已经构成行政违法，一旦触及起刑点就将构成刑法规定的走私犯罪；如果电商故意走私枪支弹药、毒品、淫秽物品以及其他国家禁止进口的物品，毫无疑问会构成走私犯罪；另外，近期的"刷单走私"案件也引起了业内关注。消费者通过跨境电商平台购买的商品必须是自用的最终物品。然而有些跨境电商企业看到了跨境电子商务零售进口商品免征关税的巨大盈利空间，通过"刷单"方式，使得进口货物享受到了免征关税，同时适用更低的增值税税收优惠，在境内进行二次销售，以此非法获利数额巨大，构成走私犯罪。

走私普通货物、物品罪，是指违反海关法规，逃避海关监管，非法运输、携带或者邮寄应当缴纳税款的货物、物品进出境，以及未经海关许可并且未补缴税款，擅自将保税货物、特定减免税货物在境内销售牟利，数额较大、情节严重的行为。除了偷逃应缴税额的要件以外，认定走私犯罪还要求行为人具有走私的故意。

鉴于跨境电商走私的特征和手段的特殊性，跨境电商走私故意推定类型有：

（1）与传统走私提供虚假合同、发票、证明等商业单证相对应，制作、利用虚假"三单"信息或明知虚假"三单"信息仍向海关传输的；

（2）"贴着限值低报"，将单笔货值超出5 000元的商品低报至5 000元内，以非法享受零售进口的优惠税收政策的；

（3）将不属于"正面清单"所列商品伪报为清单内商品的；

（4）无法正常对外付汇，或物流线路选择异常，且行为人无法给予合理解释。

跨境电商企业一旦被认定为走私犯罪，根据《刑法》第一百五十三条规定：走私本法第一百五十一条、第一百五十二条、第三百四十七条规定以外的货物、物品的，根据情节轻重，分别依照下列规定处罚：

（1）走私货物、物品偷逃应缴税额较大或者一年内曾因走私被给予二次行政处罚后又走私的，处三年以下有期徒刑或者拘役，并处偷逃应缴税额一倍以上五倍以下罚金。

（2）走私货物、物品偷逃应缴税额巨大或者有其他严重情节的，处三年以上十年以下有期徒刑，并处偷逃应缴税额一倍以上五倍以下罚金。

（3）走私货物、物品偷逃应缴税额特别巨大或者有其他特别严重情节的，处十年以上有期徒刑或者无期徒刑，并处偷逃应缴税额一倍以上五倍以下罚金或者没收财产。单位犯前款罪的，对单位判处罚金，并对其直接负责的主管人员和其他直接责任人员，处三年以下有期徒刑或者拘役；情节严重的，处三年以上十年以下有期徒刑；情节特别严重的，处十年以上有期徒刑。对多次走私未经处理的，按照累计走私货物、物品的偷逃应缴税额处罚。

因此跨境电商企业切不可为了追求利益，触碰法律底线，造成犯罪的严重后果。

三、跨境电商法律风险防范

跨境电商企业在面对复杂的国际法律环境时，应树立防范意识，提高风险防范的能力，针对不同的法律风险做好准备：

（1）对于产品专利、商标、著作侵权问题，跨境电商商家首先要做到不做侵权的违法事宜，杜绝侥幸心理。在选品之初就预防侵权，充分了解供货方资质，并向供货方了解是否有权生产、销售该产品，保证货源合法正规。对于供应商提供的商标可以通过专利网进行查询。此外，在交易时要符合规范的手续，并妥善保管交易凭证。

若被投诉，首先下架遭到投诉的产品，主动删除已发布的类似产品，避免再次被投诉。做好第三方支付账号及时提现，减少财产损失；其次联系投诉方，请求和解。多渠道查找，主动联系投诉方，诚恳道歉并对其说明情况，主动提供赔偿，争取对方撤诉。如对方没有回应，建议委托有处理相关案件经验的本地律师帮忙处理。若和解金额过高，条件过于苛刻，可考虑应诉，法院可能会将赔偿金降至合理金额。如果被冻结的资金不多，可以选择不和解也不应诉，放弃店铺。过了应诉期后，原告会继续向法院提交缺席审判申请，法院会给被告一定的时间应诉，在规定时间内，若被告依然没有回应，那么法院就会下发缺席判决，账户的钱还是会被划走，店铺也就无法运营了。

若被恶意投诉，针对恶意投诉查清楚对方的商标专利申请情况，自证产品不构成侵权并与平台交涉，使产品恢复上架，必要时请律师代为沟通。

对于销售自有品牌和自主设计产品的跨境商家，要尽早在目标市场注册好专利，做好知识产权保护。

（2）针对货物的税收风险，跨境电商企业需积极了解税收政策的变化。对于从事跨境进口的企业，国家加强跨境电商进口税收管理是必然趋势，跨境电商红利时代已经结束，企业需研究政策内涵，调整备货方式和进货渠道，充分发挥保税仓和自贸区的作用，以及地方政府对于跨境电商企业在税收上的支持，主动求变。

对于从事跨境出口的企业，若为一般跨境电商商户，应主动建立健全自身的出口退税主体资格，对照跨境电商的退税要求，搜集整理好各项退税单据。部分跨境电商商户若不熟悉或没有精力自行办理出口退税业务，可采用挂靠资质优秀的外贸综合服务企业，委托代理办理跨境电商的通关、结汇和退税等事项。

同时，出口企业需要时刻关注境外国家对于跨境电商的税收新政，对于跨境电商这种全球化商业模式，必须严格遵守目标贸易国的规则才能实现安全快速发展。如：

① 瑞士：2019年1月起，从国外向瑞士本国消费者发货的卖家（B2C），每年营业额达到100 000 CHF（约690 834元人民币，CHF为瑞士法郎）时，瑞士税务局将对其所有发往瑞士的快件开征增值税。

② 瑞典：自2018年3月1日起，瑞典海关将对所有非欧盟电商物品（含邮件）征收VAT（增值税）。根据瑞典海关政策，征收方式不区分货值高低，VAT将向收件人征收，瑞典VAT的税率一般为25%。

③ 德国：德国要求电商平台确保平台上的卖家履行其进行商品交易所产生的增值税纳税义务，规定平台方需要将第三方卖家的交易信息传递给税务机关，让税务机关调研这些卖家是否该履行纳税义务。这些增值税缴纳邀请均适用于各种贸易商，无论该贸易商是否在德国设立基地或办事处。

④ 泰国：泰国2018年批准了对"税收法"的修订草案。外国运营商在

年度收入超过180万泰铢（约36.49万元人民币）的VAT注册门槛时，需要登记并缴纳VAT。这里面的外国运营商包括网站和APP平台。

⑤ 澳大利亚：澳大利亚政府于2018年7月1日起实施进口商品GST新政。要求年营业额7.5澳元以上的供应商要缴纳GST（Good and Service Tax 商品及服务税），一般为销售额的10%。

（3）针对走私风险，跨境电商企业需要了解海关监管的规则红线，既是企业合法经营的前提，也是个人消费者自我保护的必要保证。跨境电商既是一种贸易模式，又是一种海关监管方式。不同于境内商品买卖，跨境电商中的商品交易受到海关监管规则的严格规制。

在跨境B2C模式下，通过行邮渠道依法申报纳税的购物行为是符合现行海关监管规则要求的，但要做到：

① 如实申报。海关实施征税与管制主要取决于申报内容，虚假申报品名、价格、数量等内容，就可能被海关认为偷逃税款或逃避许可证件管理，从而引发行政甚至刑事上的法律责任。目前行业中存在的那种不需要身份证认证，完全包税的代理进口渠道，包税进口不为我国海关监管体系所允许，存在走私的法律风险。

② 个人自用。行邮渠道是一种个人自用物品的进出口方式，这里的"自用"指本人自用、馈赠亲友而非出售或出租等。海淘模式进口商品从行邮渠道入境也应当符合这一要求，也就是说，境内买方通过海淘模式购入的商品只能用于"自用"，而非贸易用途，由于贸易用途进口税普遍高于个人自用物品的行邮税，同时贸易渠道的管制措施也更为严格，因此属于贸易用途的商品如果通过海淘模式从行邮渠道分散进口，将被海关认为涉嫌偷逃税款和逃避贸易管制。

③ 不超过限量和不涉及禁止、限制入境。超过合理数量或者购买禁止、限制入境物品，如果能够如实申报并属于个人自用的，一般不构成走私行为，但是毕竟违反了监管规定，超过合理数量的物品将按照货物税率缴纳税款或退运出境，对于禁止限制入境的物品可能被没收、责令退回或者销毁。

不同于海淘、海代模式，跨境电商B2C模式通过行邮渠道进行购物的行为，仅适用于个人作为买方的零售进出口商品交易，并且适用较为优惠的进口税率，明确了企业不能作为该项监管方式下的买方，且不得用于贸易用途。在境内备案跨境电商模式下，以"蚂蚁搬家""化整为零"的方式，将原来需要经贸易渠道进口的货物，通过跨境电商监管方式分散进口，实际上是伪报监管方式偷逃税款的行为，将被海关追究法律责任，跨境电商企业需严格避免类似操作。

习题与训练 <<<<<<<<<<< < < < < < < < < < < < < < < < < < < < < < < < < < < < < < < < <

一、单选题

1. 以下不属于跨境电商B2C常见的典型风险的是（　　）。

    A. 支付风险　　　　　　　　　　B. 法律风险

    C. 信用风险　　　　　　　　　　D. 政治风险

2. 目前速卖通钓鱼买家以美国律所的钓鱼买家为主，比较知名的有（　　）。

    A. LBC律所　　　　　　　　　　B. SPD律所

    C. SBA律所　　　　　　　　　　D. GBC律所

3. 以下不属于跨境电商物流风险的是（　　）。

    A. 无法配送　　　　　　　　　　B. 配送不及时

    C. 清关问题　　　　　　　　　　D. 货物与描述不符

二、判断题

1. 阿里巴巴国际站侵权行为分为一般侵权和严重侵权两种。（　　）

2. 速卖通平台产生纠纷，PayPal账户容易冻结。（　　）

3. 跨境电商知识产权常见的违规类型包括套用品牌词，仿造知名商品，使用变形词，乱用热门设计等。（　　）

三、案例分析题

1. 近年来，跨境电商行业无论是商标还是专利侵权案件都比之前发生的频率更高，而且涉及的产品面也越来越广，数量明显增多。3C、玩具、服装等品类是过往跨境电商卖家侵权的"重灾区"，但如今发现涉及侵权的品类远不及此，能够在平台上搜索到的产品几乎都有所涉及。2019年5月，跨境电商A企业的账号被冻结，除了A企业外，另有54家亚马逊店铺账号被冻结，起因是侵犯了WALL CLIMBER遥控爬墙车的商标权。但其实A企业并不知道自身侵权。A企业相关人员回忆，在向工厂拿货、拿图后，在上传到店铺之前或者在售卖之前，没有做有效的产品检索和分析，导致侵权，A企业为此追悔莫及。

在本案例中，A企业主要遇到了跨境电商中的哪种风险？A企业该如何防范此类风险？在账号被冻结后，A企业可以采取哪些措施降低损失？

2. 香港企业A公司在天猫国际平台开设M品牌的手表店铺。A公司为M品牌在天猫国际平台的代运营公司。2020年9月，消费者B在该手表店铺购买M品牌手表。A公司在收到订单后，通知M品牌香港公司发货。M品牌公司通过物流C进行发货后5天，货品被自动退回M品牌公司。消费者B在查询物流路径后，对该物流情况提出了疑问。M品牌公司物流部进行调查后发现物流C公司没有海外直邮品牌手表的经验，在通关资料中对发票资料未正确制作，导致货品因通关问题被自动退回，需要修改及补充材料。因为从香港到内地的直邮运输时间正常需要7~15天，而本次订单因通关问题又耽误了5天，消费者B无法等待，经客服沟通后，仍然选择了退款。

在本案例中，A公司和M品牌公司遇到的是跨境电商中的哪类风险？该类风险的主要表现形式有哪些，该如何规避？

3. 跨境电商企业C公司2020年5月15日收到了一位买家提出的退单，要求其信用卡发卡方撤销于2020年3月18日的付款。买家声称未收到物品。买家的信用卡公司需要C公司提供有关此交易的更多信息。但事实上，C公司早已通过EMS寄送邮包，并且在4月初查询物流网站，显示货物已被签收。C公司收到退单信息后重新登录物流网站，却显示货物正准备运送。因产品货值较高，C公司担心买家退单成功，就尽快将EMS的单号发给了PayPal，要求PayPal予以处理。

在本案例中，C公司遇到的是跨境电商中的哪类风险？面对此类风险，C公司该如何处理应对？跨境电商企业又有哪些措施可以防范？

参考文献 <<<<<<<<<<<<

[1] 章安平 . 进出口业务操作（第三版）[M] . 北京：高等教育出版社，2019.

[2] 章安平 . 外贸单证操作（第五版）[M] . 北京：高等教育出版社，2019.

[3] 华树春，李玲 . 跨境电商概论 [M] . 北京：中国海关出版社，2018.

[4] 冯斌 . 出口风险管理实务（第二版）[M] . 北京：中国海关出版社，2010.

[5] 王新华，陈丹凤 . 50 种出口风险防范 [M] . 北京：中国海关出版社，2009.

[6] 韩宝庆 . 轻松应对出口法律风险 [M] . 北京：中国海关出版社，2011.

[7] 卓小苏 . 国际贸易风险与防范 [M] . 北京：中国纺织出版社，2007.

[8] 吴强 . 外贸经典案例手册 [M] . 北京：中国财富出版社，2013.

[9] 笪家祥 . 外贸风险应对指南 [M] . 南京：南京大学出版社，2009.

[10] 陈晓峰 . 企业国际贸易法律风险管理与防范策略 [M] . 北京：法律出版社，
       2009.

[11] 李道金 . 信用证风险防范与纠纷处理技巧 [M] . 北京：中国海关出版社，
       2015.

[12] 范越龙 . 外贸跟单操作 [M] . 北京：中国人民大学出版社，2018.

[13] 张海燕，华红娟 . 出口业务操作 [M] . 北京：高等教育出版社，2017.

[14] 武亮，赵永秀 . 国际贸易风险防范（图解版）[M] . 北京：中国工信出版集
       团，人民邮电出版社，2016.

[15] 严行方 . 跨境电商业务一本通 [M] . 北京：中国工信出版集团，人民邮电出
       版社，2016.

主编简介

　　章安平，二级教授，国家"万人计划"教学名师，浙江金融职业学院国际商学院院长，阿里巴巴数字贸易学院院长，国际贸易实务国家高水平专业群负责人，国家职业教育国际贸易专业教学资源库及升级改进项目主持人，首批国家精品在线开放课程"外贸单证操作"主持人。兼任教育部全国外经贸行指委委员、国际贸易实务国家专业教学标准开发专家组组长。主要研究方向为国际贸易理论与实务，在《国际贸易问题》《中国高教研究》等刊物上发表学术论文30余篇，主持及参与省级以上课题20余项。主编"十二五""十三五"职业教育国家规划教材6本，获国家级教学成果奖二等奖2项、浙江省教学成果奖一等奖2项等荣誉。

郑重声明

高等教育出版社依法对本书享有专有出版权。任何未经许可的复制、销售行为均违反《中华人民共和国著作权法》,其行为人将承担相应的民事责任和行政责任;构成犯罪的,将被依法追究刑事责任。为了维护市场秩序,保护读者的合法权益,避免读者误用盗版书造成不良后果,我社将配合行政执法部门和司法机关对违法犯罪的单位和个人进行严厉打击。社会各界人士如发现上述侵权行为,希望及时举报,本社将奖励举报有功人员。

反盗版举报电话　　(010)58581999　58582371　58582488

反盗版举报传真　　(010)82086060

反盗版举报邮箱　dd@hep.com.cn

通信地址　北京市西城区德外大街4号

　　　　　高等教育出版社法律事务与版权管理部

邮政编码　100120

防伪查询说明

用户购书后刮开封底防伪涂层,利用手机微信等软件扫描二维码,会跳转至防伪查询网页,获得所购图书详细信息。用户也可将防伪二维码下的20位密码按从左到右、从上到下的顺序发送短信至106695881280,免费查询所购图书真伪。

反盗版短信举报

编辑短信"JB,图书名称,出版社,购买地点"发送至10669588128

防伪客服电话

(010)58582300

资源服务提示

授课教师如需获得本书配套教辅资源,请登录"高等教育出版社产品信息检索系统"(http://xuanshu.hep.com.cn/)搜索本书并下载资源。首次使用本系统的用户,请先注册并进行教师资格认证。

资源服务支持电话:010-58581854 邮箱:songchen@hep.com.cn

高教社高职国贸教师群QQ群:188542748